シュタイナー教育に学ぶ通信講座

第2期　NO.5　通巻11号

シュタイナーが示す新しい生き方を求めて

表紙デザイン／山下知子
本文デザイン／STUDIO Y2
（藁谷尚子　市川瑞紀）
表紙カバー絵／中村トヨ
本文イラスト／御手洗仁美

大村祐子さんから21世紀のメッセージ

皆さま、お元気ですか？

皆さま、お元気ですか？　２００１年を迎えられ、皆さまの目に世界は変わったように見えますか？　皆さまのまわりに光は増しましたか？　空気がより清らかに感じられますか？　水は美しく澄んでいますか？　人の温かさを感じますか？

２０００年12月22日

「シュタイナーいずみの学校」の２学期の終了式が行われました。それは同時に、９月から一緒に学んできた大塚眞弥《まや》ちゃん、藤田杏子《きょうこ》ちゃんとお別れする日でもありました。放課後、みんなで教室、トイレ、台所、食堂、玄関、廊下の掃除をした後、食堂に集まりました。お母さん方と生徒たちの兄弟姉妹も集まりました。そして、２学期に学んだこと、したこと、あったことを話し合いました。みんなの話を聞きながら、わたしたちは４ヶ月の間に実に多くのことを学び、多くの人に出会い、多くのことが起こり、多くのことをしたのだということに気付きました。そして、そのことに心から感謝したのでした。

それからわたしたちは、一人ずつ、眞弥ちゃんにお別れのことばを言いました。毎日机を並べて一緒に勉強していた眞弥ちゃんに、改めてお別れのことばを言うことは、子どもたちにとって、とても照《て》れくさいことのようでした。そして、一言「さようなら」「げんきでね」「また来てください」「忘れないでね」と言い、後はにこにこしていました。先生方は、それぞれたくさんの思いがあるようでした。どの先生も眞弥ちゃんと深く関わり、強い絆《きずな》を結んだことがうかがわれました。

「いつもぴょんぴょん元気に飛び跳ねていた眞弥ちゃん。眞弥ちゃんの元気な姿と、はち切れそうな笑顔は、わたしの心にあつい熱を送ってくれました」

「くじを作ってひかせてくれましたね。はずれをひくと、当たりが出るまで何回でもひかせてくれました。ありがとう。『大当たり』のくじ、大事にしまってあります」

「英語の時間のお買い物ごっこ、おもしろかったよ。とっても安くしてくれたので、いっぱいお買い物ができました。ありがとう」

「眞弥ちゃんが編んでくれた指編みのマフラーとってもあったかです。北海道はこれからもっともっと寒くなるのでとても助かります。東京にいる眞弥ちゃんに向かって、毎日『ありがとう』と言いながら首に巻きますね」

眞弥ちゃんは大きな目をくりくりさせ、頷《うなず》きながらにこにこ顔で聞いていました。

藤田杏子ちゃんとも、今日でお別れです。子どもたちもお母さんたちも先生方も、一人ひとり、みんなが心を込めてお別れのことばを言いました。杏子ちゃんは、一度も視線を逸《そ》らさず、話している人の顔をじっと見ながら聞いていました。杏子ちゃんは、わたしたちにいつも人間として、教師として「あなたはどうなの？」と問いかけてくれました。

「心の中で『いやだ』と思っても、わたしはなかなかそう言えません。だから『いや』と言う杏子ちゃんがとても新鮮で眩《まぶ》しく見えました。これからはわたしも頑張って『いや』と言えるようになりたいです」と、話されたお母さんがいました。

「杏子ちゃんはいつでも少しあごを上げて、真っ直ぐにわたしの目を見て話してくれたね」

「杏子ちゃんの頭から大きな力が感じられます。杏子ちゃんの歩いて行く先に明るい光が見えます。杏子ちゃん元気で！」

「七色に染められた布を見つけて、『きれい！』って言ったね。手に持ってひらひらさせ、つま先をぴんと立てて踊ったね。詩を唱《とな》える時は、まっすぐ前を見て、大きな声で唱えたね。歌が大好きで、澄んだ大きな声で歌ったね。杏子ちゃん、たくさんの楽しいこと、美しいことをありがとう！」

「杏子ちゃんが『いやだ』と言った時、わたしはどうしてそう言われたのか、真剣に考えました。これからも考え続けます。杏子ちゃん、ありがとう！」

「杏子ちゃんがノートいっぱいに描いた大きな大きなトラ豆、忘れないよ。はじめは指で摘《つ》んで雑草抜きをしていた杏子ちゃんが、最後には鳥小屋の高い棚の糞《ふん》を集め、それを一輪車に積んで、堆肥《たいひ》の山へ運んでくれたね。あの堆肥から、またおいしい野菜ができるよ。その頃にはまた、きっと帰って来てね。杏子ちゃん、それまで少しの間、さようなら」

先生方が涙を流して杏子ちゃんとの別れを惜しんだのは、杏子ちゃんが、物事の本質と非本質を見分ける力を持った子どもだったからです。杏子ちゃんが耳をふさいで聞こうとしない時、それはわたしたちのことばに虚偽が潜《ひそ》んでいる時でした。杏子ちゃんが「したくない」と言う時、それは、わたしたちの行為に非本質的なものが隠されている時でした。それがどんな小さくても、杏子ちゃんは見逃しませんでした。そうして杏子ちゃんは、いつでもわたしたちに正しいこと、美しいこと、真なることを思い、考え、話し、行うことを促してくれました。杏子ちゃんは、そんな大きな役目を持って「いずみの学校」へ来てくれた天使だったのです。

２０００年12月23日

伊達市のカルチャーセンターの一室をお借りして、クリスマス会をしました。毎週木曜日に、お話を聞き、歌を歌い、絵を描き、ゲームをし、工作や手芸をし、畑を耕す「芸術教室」と月に2回の公立学校が休みの日に学ぶ「シュタイナーいずみの土曜学校」、そして、全日制の子どもたちが集まりました。それぞれが学んだ歌を歌い、リコーダーを吹き、劇を演じ、皿回しやディヤブロ（（イラスト参照）2本の棒を使ってするヨーヨーのような遊び道具）を披露しました。手芸や工芸、粘土、蜜ろう粘土、水彩画、フォルメン画、メインレッスンブックも見ていただきました。

鈴木啓介君のお父さんは、真っ直ぐに前を向き、長い長い詩を朗々《ろうろう》と唱《とな》える啓介君を見て、「うちの子は天才にちがいない！」と叫んでいました。そうです！子どもたちはみんな、みんな天才なのです！

2001年1月1日

新世紀が幕を開けました。グリニッチ天文台に21世紀の最初の曙光《しょっこう》が射しました。そして、地球が自転するにつれてパリが、カルカッタが、北京が、仙台が……次々と朝を迎え、ついに地球全体が光に包まれてゆく……宇宙から、それを眺《なが》めている夢を見ました。

沼も池も湖も川も海も冷たく静まっていました。山、草原、砂漠がきらめいていました。鳥の魚の虫の獣《けもの》の爬虫類《はちゅうるい》の息づかいが聞こえてきました。大気が青く澄んでいました。太陽の熱に包まれてすべてが温かく、太陽の光に照らされてすべてが明るく輝いていました。そこには苦しむ人も、病む人も、嘆《なげ》く人もありませんでした。人びとは互いの存在を歓び、尊び、慈《いつく》しみ、愛し合っていました。21世紀、それはわたしの見た夢が、必ず実現される時だと強く確信しております。人類が、物質的な生き方から、精神的な生き方に変えることができる時だと確信しております。

全世界の子どもたちが愛されますように、飢えることがありませんように、学ぶことができますように……幸せでありますように。地球上に暮らすすべての人が健やかでありますように、それぞれの務めを果たすことができますように、そして、精神の進化を遂げることができますように……。

今年も、こうして皆さまとご一緒に精進《しょうじん》する機会を与えていただき、まことに、まことにありがたく、心から感謝申しあげます。

シュタイナーが示す「新しい生き方を求めて」

２０００年12月25日、クリスマスの朝、「シュタイナーいずみの学校」の教師13人が学校に集まりました。学校中でいちばん日当たりの良い2階の教室いっぱいに、15の机と椅子がまるく輪に並べられています。「いずみの学校」では、1年に一度、一人ひとりの子どもの父母と教師が子どもについて話をする時間を持ちます。担任だけではなく、特別教科を教えている教師は勿論《もちろん》、授業を持っていない教師もみんな出席します。（都合で出席できなかった教師からは、メーッセージが届けられます）

今日は、2学期の間、わたしたちと一緒に勉強した、大塚眞弥《まや》ちゃんのお父さんとお母さんにお出でいただいて話をすることになっています。眞弥ちゃんは、9月から「ひびきの村」のＮＡＡ（自然と芸術と人智学を学ぶ）プログラムに参加することを決められたお母さんと一緒に、弟と3人でやってきました。お父さんは東京に残って仕事を続けています。眞弥ちゃんは元気な2年生の女の子です。

「おはようございます。皆さんは、今夜フェリーで東京にお帰りになるのですね。お忙しいところ、お時間を割《さ》いていただいてありがとうございました。この4ヶ月の間、眞弥ちゃんがこの「いずみの学校」でどんなふうに過ごしていたか、ご両親に聞いていただき、これからの眞弥ちゃんの成長を助けるための参考にしていただきたいと考えて、お出でいただきました。2学期の間だけ眞弥ちゃんを、この学校に入れて勉強させるとお決めになることは、ご両親にとって本当に勇気の要ることだったことでしょう。まず、そのことにお礼と敬意を表したいと思います。眞弥ちゃんと杏菜《あんな》ちゃん（やはり、NAAプログラムで学ぶと決められたお母さんと一緒に、9月から「いずみの学校」に転入学した2年生の女の子です。札幌に残って仕事を続けていたお父さんも合流して、杏菜ちゃんの家族はこのまま伊達に住み続けると決めました）が「いずみの学校」に来てくれることになりましたので、ご存じのように、急遽《きゅうきょ》、わたしたちは2年生のクラスをつくることにしました。眞弥ちゃんに「いずみの学校」で勉強してもらうと決めた時にも、ご両親にはお話ししましたが、「いずみの学校」で教えるわたしたち教師は、みんながシュタイナー学校の教師として十分にトレーニングを積んでいるわけではありません。生徒の数も少なく、学校としての設備もまだまだ整っていません。そんな状況にもかかわらず、眞弥ちゃんをここで勉強させようと決めてくださったこと、そして、わたしたちを信頼してくださったことに心から感謝いたします。勿論、ご両親が……どんなところにいても大丈夫……という眞弥ちゃん自身の力を信頼なさった上で決断されたということも十分承知しております。

この4ヶ月の間、わたしたちは眞弥ちゃんと、本当に素晴らしい時間を持つことができました。今日は主に、学校での眞弥ちゃんの様子をそれぞれの先生がお話しします。そして、最後にご両親にお話ししていただきたいと考えていますが、それでよろしいでしょうか？　では、始めましょう」

担任の米永宏史《よねながひろし》さんの話

「担任の米永宏史です。眞弥ちゃんの話をする前に、少し僕のことを話させてください。

実は、8月の終わりに、2年生の担任をしてくれないか、と祐子さんに言われた時には、本当にびっくりしました。僕は大学では英米語を専攻し、教員免許を取ったので将来は教師になりたいとずっと思っていました。シュタイナー教育は大学で少しだけ学び、これは素晴らしい教育だ、いつかちゃんと勉強したいと思っていました。大学2年生の時、1年間アメリカのネブラスカに留学するチャンスがあり、夏休みには、ルドルフ・シュタイナー・カレッジのサマープログラムで勉強しました。日本に帰って来て大学を卒業し、僕なりに考えがあって大手の進学塾に就職しました。そこで受験勉強している子どもたちの手助けをしようと考えていたのですが、僕が考えていたほど現実は甘くはなく、僕はなにもできずに悶々《もんもん》と過ごしていました。

その時、祐子さんが日本に帰ってきてシュタイナー学校をつくるという噂《うわさ》が耳に入ってきました。僕はすぐに「ひびきの村」に飛んできました。そして、「ひびきの村」でスタッフとして働きながら勉強して、いつかシュタイナー学校の教師になろうと思っていたんです。そして「芸術教室」（「ひびきの村」で行っている小学生のための芸術教室）や「土曜学校」（第2、第4土曜日に行っているシュタイナー学校）で教える機会を与えてもらいました。

そうしている間にボートマ体操（シュタイナーの人間観によって行われる体操）に出会い、強く惹《ひ》かれていきました。「これだ！」と思いました。そして、これを勉強して、「いずみの学校」の体育の教師になろうと目標を決め、少しずつ勉強を始めていました。

そんな時、クラス担任の話があったのです。「2学期だけ、4ヶ月でいいのよ。わたしが全力で助けるから……考えてくれない？」と祐子さんに言われ、教える人がだれもいないのなら、4ヶ月だけなら、と思って引き受けることにしたのです。

こんな僕ですから、分からないこと、戸惑うこと、困ることばかりでした。でも、眞弥ちゃんも杏菜ちゃんも、そんな僕を心から信頼してくれ、二人は毎日楽しく勉強していました。はじめの頃、二人でよくこそこそ話をしているのが聞こえたんですよ。「ねえ、杏菜ちゃん、前の学校と『いずみの学校』とどっちがいい？」「もっちろん、『いずみの学校』のほうがいいよ！」「そうだよね、眞弥もそう思う！」……。

眞弥ちゃんはお話を聞くのが大好きでした。メインレッスンで話を聞く時は、いつも両手を頬《ほほ》にあてて、わたしの目をしっかり見て、一心に聞いていました。驚くと目をくりくりっと動かすんですよ。前の日の復習をすると、よく覚えていて、細かいことまで答えていました。時々僕のほうが間違えることがありましたが、そんな時には「ちがうよ！こうこうこうだよ」って訂正してくれました。何事に対しても積極的で、おとなしくて少し引っ込み思案だった杏菜ちゃんをリードしていましたね。杏菜ちゃんは、リードされることを時々苦痛に感じているようで……。

眞弥ちゃんは丁寧《ていねい》に、時間をかけてしなければならないことは苦手のようでした。時々、癇癪《かんしゃく》を起こして「もうやだ！したくない！」と眉間《みけん》にしわを寄せて、していることを途中でほおり出すことがありました。でも、わたしがちょっと手を貸すと、また気を取り直して最後までやり通しました。

眞弥ちゃんはやせていて、手足が細くて長くて、いつもぴょんぴょん飛び跳《は》ねて、次々と興味が移って、いつも楽しそうで、人にすぐ手を貸して……まぎれもない多血質ですね。わたしが質問すると、真っ先に手を挙げて、大きな声ではっきりと答えていましたよ。話をするのが好きで、授業中でもよく話をしました。それで、「授業中は話をしない」と約束をしました。それでも時々忘れて、その後も話をすることがありましたね。

メインレッスンブックに絵を描くことも、文章を書くことも速かったですね。眞弥ちゃんは朝の体操をする時も、詩を唱《とな》える時も、歌を歌う時も、真っ直ぐしっかり立っていました。そして、まるでウサギのようにぴょんぴょんと速く走りました。家族の話をよくしてくれて、東京に帰ったら、メインレッスンブックをお父さんと、おばあちゃんに見せるんだと、よく言っていました。

短い間でしたが、眞弥ちゃんと杏菜ちゃんの担任をさせてもらったおかげで、わたし自身の進む道が見えてきました。本当にありがとうございました。

大村祐子の話

「大村祐子です。小さな女の子が二人……まるで学校にノームが仲間入りしたようで楽しかったんですよ。眞弥ちゃんと杏菜ちゃんが来てから、学校の雰囲気がすっかり柔らかくなりました。ちっちゃくて、かわいくて、愛らしくて……。学校に行く楽しみが増えました。ああ、また眞弥ちゃんと杏菜ちゃんに会えるんだ！って思うと心がかほかほかと温かくなって、どんなに吹雪《ふぶ》いている日でも、家を出ることを辛く感じませんでした。

　二人はいろいろなことを考え出しては、わたしたちを楽しませてくれたんですよ。中でも、二人の作った籤《くじ》を引くのは、わたしの楽しみの一つでした。ある日、「はずれ」の籤を引いて、わたしがとてもがっかりしていたら、眞弥ちゃんが「もう一度引いてもいいよ」と言ってくれました。喜んで籤を引くと、また「はずれ」でした。「もう一回いいよ」と言われて引くと、また「はずれ」。その日、わたしはよほどついていなかったんでしょうね！　でも、5回目にとうとう「あたり」が出たんです。嬉しかったですねえ。

　英語の授業で「お店やさんごっこ」をした時には、お買い物に来るように招待されました。教室に入ると、お店やさんの台の上に、色とりどりの蜜ろう粘土で作られた果物や野菜が並んでいました。次の日には小さなクリスマスの飾りが売られていました。和歌子さん（英語の先生）と一緒に作った1ドル紙幣と、1セント、5セント、10セント、25セント、50セントが入った、これも折り紙で作られたお財布を渡され、「何を買ってもいいよ」と言われました。お金がたくさん入ったお財布を、久しぶりに持って、わたしはとても興奮しました。わたしが買い物を済ませてお金を払うと、二人は一生懸命計算して、お釣りをくれました。ややこしい計算に、しまいに二人は何がなにやら分からなくなってしまって、わたしが支払ったお金より多くお釣りをくれましたが……。

　わたしは2年生の授業は持っていませんでしたので、麗《れい》さん（主に調理を教えている教育実習生）と一緒にクリスマス劇の指導をした以外は、眞弥ちゃんに直接教えることはありませんでした。でも、朝登校してきてから授業が始まる前、休み時間、お昼ご飯の時間、金曜日の全校集会、掃除等々……眞弥ちゃんと一諸にいる時間はたくさんありました。わたし自身は二人の男の子の母親ですので、女の子に甘えられるという経験がありません。ですから、眞弥ちゃんや杏菜ちゃんを膝《ひざ》にのせたり、二人と手を繋《つな》いだり、抱っこしたり、おんぶすることが楽しくてたまりませんでした。

　ただ、眞弥ちゃんは、遊んでいる時も、理屈っぽいことをよく口にしました。そして、いろいろなことを質問しました。彼女は年齢よりも知的に早く成長しているのですね。ですから、たとえ眞弥ちゃんが質問しても、理詰めで答えずに、わたしはいつでも寓話《ぐうわ》を使って答えるようにしていました。宏史さんも言っていましたが、眞弥ちゃんはお話が大好きで、よく聞いていましたよ。ですから昼休みも、ファンタジーのある遊びをするようにしていたんです。子どもたちがとても気に入っていた遊びの一つに、「魔法の絨毯《じゅうたん》に乗って世界中をとびまわる」というのがありました。魔法の絨毯に乗って、わたしたちはなんど世界一周したことでしょう！　それから、魔法にかかると繋《つな》いでいた手が離れなくなってしまう、というのも気に入っていて、「祐子先生の呪文《じゅもん》は効き目があるからほどいて！」と頼まれ、よく呪文を唱えてあげました。

　わたしが眞弥ちゃんと接する時に、決めていたことが三つあります。一つは今言いましたように、眞弥ちゃんは知的な成長が早いので、ファンタジーの世界を十分体験できるように、機会があるたびにおとぎ話を話しました。二つ目は、一つのことをやり通すように励ましました。眞弥ちゃんは多血質なので、こつこつとすることが苦手でした。ですから、遊ぶ時も、一緒に何か作る時にも、励ましながら、最後までやり通すように促しました。三つ目は、眞弥ちゃんが、人のおかした間違いを指摘しないように気を配りました。

　眞弥ちゃんは利発な子どもですから、人のおかした間違いにすぐ気が付きます。そして、それを口にします。勿論《もちろん》、眞弥ちゃんは人を傷つけようなんて思って言っているわけではありません。それでも、間違いを指摘された人は悲しいし、傷つくこともあるのだということを、眞弥ちゃんに知って貰《もら》いたかったのです。わたし自身がそういう子どもだったので、よーく分かるのですよ。子どもの頃、いいえ、今でもありますが、わたしのことばが友達を傷つけていたんだと知った時、そして、そんなわたしを友達は嫌っていたのだと分かった時、わたしは大きな衝撃を受けました。その時のことは50年近く経った今でも覚えています。でも、それを眞弥ちゃんにストレートに話すことはできません。眞弥ちゃんはまだ2年生ですから……。ペタゴジカル・ストーリーの力を借りました。眞弥ちゃんはよーく分かったようですよ。それから、そういうことは殆《ほとん》ど口にしなくなりましたもの！

　眞弥ちゃんと過ごした素晴らしい日々を、わたしは決して忘れません。眞弥ちゃんが編んでくれたピンク色のマフラーと一緒に、わたしはこの思い出を一生大切にします。眞弥ちゃんを「いずみの学校」に来させてくださって、本当にありがとうございました。

御手洗仁美《みたらいひとみ》さんの話

　田中ゆかりさんが病気で郷里に帰られた後、11月から、わたしが手芸の授業を担当しました。眞弥ちゃんと杏菜ちゃんは2学期のはじめに、指だけを使って毛糸を編んでいたので、……それを指編みと言いますが……わたしの授業では、２本の棒を使って毛糸を編むことを始めました。

自由自在に使える指とは違って、棒はなかなか思うように動いてくれません。二人にとっては大きな挑戦でした。とても難しかったようです。眞弥ちゃんも杏菜ちゃんも、「指編みのほうが良かった」「指編みのほうが楽しかった」としきりに言っていました。編みたいんだけど棒が言うことを聞かない、思うように編めないと言って、二人は、特に眞弥ちゃんはいらいらしていました。そのうち集中力がなくなって、おしゃべりを始めたり、窓の外を見たり、後ろを振り向いたり、壁に貼《は》ってある絵を見たり……眞弥ちゃんの編んでいる「目」はどんどん増えてゆき、20目で始めたのに、いつの間にか31目になってしまいました。「目」の大きさはまちまちで、所々穴があいていました。そんな眞弥ちゃんのために、わたしは授業の中でお話をすることにしました。筋《すじ》だけを話しますと、

……ある所に編み物の大好きな女の子がいました。ある年の秋に女の子は考えました。『今年のクリスマスにはみんなに何をプレゼントしようかしら？』って。そして、女の子は自分の大好きな編み物をプレゼントすることにしました。それから女の子は毎日毎日２本の棒と毛糸で編み続けました。おばあちゃんには鍋つかみを、お父さんにはマフラーを、お母さんにはポシェットを、弟には帽子を……。女の子は一目一目心を込めて、それはそれは丁寧《ていねい》に編みました。だって、大好きな人たちにあげるプレゼントなんですもの！　ですから編み目の大きさも、ゆるさも、数もそろって、見たこともないような素敵な鍋つかみと、マフラーと、ポシェットと、帽子ができあがりました。

でもね、女の子の力だけでそんなに素敵なものができあがったわけではないんですよ。あんまり女の子が一所懸命なので、それを見ていた天使が、夜、女の子が眠っている間に、２本の棒と毛糸に魔法をかけたんです。『きれいな編み目ができますように！　これを使う人が幸せになりますように！』ってね！　それで、編み目はきれいにそろい、その女の子の編んだものを使うと、なぜだか、みんな

いつもほかほかとあったかーい気持になって、人に優しく親切になれたんですって……

眞弥ちゃんは、わたしをじーっと見ながら話を聞いていました。その日から、眞弥ちゃんの編むマフラーの目がきれいにそろうようになり、穴も少なくなってきました。

わたしは眞弥ちゃんに編み物を教える機会を得ることができて、本当に幸せでした。ありがとうございました。

杉本啓子さんの話

わたしはリコーダーの授業を受け持ちました。45分間の授業のうちの30分はお話をし、残りの15分にリコーダーを吹きました。

わたしが教室に入って行くと、いつも二人が待ち受けていて、他の授業で描いた絵や作った作品を見せては、「どっちが眞弥ちゃんので、どっちが杏菜ちゃんのだっ？」と聞くんです。はじめの頃は、当てるのが簡単でした。なぜって、一目瞭然《りょうぜん》でしたから！　たくさんの色を使っていて、いろいろ飾りがついているのが杏菜ちゃんの作品で、輪郭がはっきりして、あっさりしているのが眞弥ちゃんのでしたから。それが、時間が経つにつれて、だんだん違いが無くなってきたのです。眞弥ちゃんの作品に彩《いろど》りが加わり、やさしい感じになって……最後にはどっちがどっちか、見分けられなくなりました。

はじめのころ、眞弥ちゃんは抱っこしても身体を固くしていましたが、最後のころにはすっかり身体をあずけてくれるようになり、ずっしり重かったです。

授業の中でお話しした物語は、一番はじめは現代のお話で「たけしくんの自転車」というものでした。眞弥ちゃんは、まだ学校にもわたしにも慣れていなかったからでしょうか、緊張してじっと静かに聞いていました。

次に「緑の指」を話しました。フランス人の作品なんですが、フランス人特有のまわりくどい言い方がじれったいらしくて、眞弥ちゃんは2回目にはもう、「つまんない。前のお話のほうがいい！」と言っていました。でも、話が進むにつれて興味がわいてきたらしく、そのうち身を乗り出して聞くようになりました。前の授業の復習をするとよく覚えていましたね。その上、その先がどんなふうに展開するのかを予想できるのでしょう、よく「～になっちゃうんじゃない？」と言っていましたね。主人公のチトが死んでしまうところでは、それを予測していたようで、目をぴかぴかさせて、両手で口をふさいで、眉間《みけん》にしわを寄せて、じっと身を固くして聞いていました。終わると「次は楽しいお話がいいな」とぴょんぴょん跳《は》ねながら言いました。

次のお話は「大きな森の小さな家」でした。はじめは楽しそうに聞いていましたが、3回目にお父さんが鉄砲の弾（たま）を作るくだりがあって、それが長々と続いた時には、「このお話つまんない！」と言っていました。この物語の中で眞弥ちゃんが特に気に入っていたところは、お父さんとお母さんが、いろいろなことをして子どもたちを楽しませる場面でした。娘のローラは姉のメアリーが持っているようなきれいなお人形を持っていませんでした。そして、トウモロコシの芯《しん》を布で包んだだけの人形をとても大切にしていました。ある年のクリスマスに、ローラにサンタさんから素敵な人形のプレゼントが届きました。眞弥ちゃんはそれを聞いて、自分のことのように喜んでいました。

わたしは、物語の中でお母さんがローラにしてあげたことを、眞弥ちゃんと杏菜ちゃんにしてあげたいと思いました。そして、次の授業でキャンディーを作ることにしました。まず、お鍋に砂糖を入れて、ストーヴで溶かし、あめを作りました。その間に眞弥ちゃんと杏菜ちゃんに大きなお鍋いっぱいに、きれいな雪を取ってくるように頼みました。そして二人が長い時間をかけて取ってきたお鍋の雪の上に割り箸《ばし》を置いて、その上にスプーン一杯の飴を落としました。するとすぐに固まって、棒飴ができました。物語の中で、お母さんがホットケーキを焼く話が出てきた時には、ストーヴの上でホットケーキを焼いて食べました。

次にリコーダーですが、はじめのうち、眞弥ちゃんは指にものすごい力を入れて、指の関節がピンと伸びたままでした。ですから指で押さえても穴がしっかりふさがらなくて、吹いても吹いても穴から息が洩《も》れて音が出ませんでした。変な音が出るのが嫌で、いつでも恐る恐る吹いていましたね。

「指とリコーダーが仲良しになったら、きれいな音が出るようになるよ。今は、両方とも恥ずかしがって遠慮しているんだね。眞弥ちゃんもはじめて会った人とすぐ友達になれないでしょう？　少しの間、遠くから見ているよね？　でも慣れてくるとだんだん一緒に遊ぶようになって、お話もできるようになるでしょう？　リコーダーと指もそうだと思うよ。そのうち仲良くなって、きっときれいな音が出るから大丈夫！」と言っていつも励ましていました。

だんだん指が慣れてきて、指がリコーダーの穴にぴったりはまるようになり、音が出るようになりました。

野田祥美《よしみ》さんの話

わたしは10月いっぱい産休をいただいていたので、眞弥ちゃんとは9月の末のミカエル祭の時に農場ではじめて会いました。一人でリンゴ箱に腰掛けていた眞弥ちゃんに声をかけました。「あなたの名前は？」って聞いたら、眞弥ちゃんは眉間《みけん》にしわを寄せて、早口で「大塚眞弥」って答えてくれました。とても大人びて見えたので、「いずみの学校」で子どもらしく過ごしてほしいなあ、と思いました。

11月になってわたしは学校へ復帰しましたが、メインレッスンだけを教えて、後は他の先生にお願いして家に帰っていましたので、眞弥ちゃんと接する機会は殆《ほとん》どありませんでした。

でも、12月にはいってから、毎朝、アドヴェントの集会でみんなと会えるようになりました。その時見た眞弥ちゃんは、いつも祐子さんと手を繋《つな》いで、うっとりとした表情をして、身体をゆすりながら、口を大きくあけてクリスマスソングを歌っていました。とても生き生きして子どもらしいその姿を見て、「ああ、眞弥ちゃんはいい時間を過ごしたんだなあ」と心から嬉しく思いました。

広岡詠子《えいこ》さんの話

わたしは中学年と高学年のヴァイオリンと音楽の授業を受け持っています。眞弥ちゃんに教えたのは、クリスマス会の前に、中学年と一緒に歌の練習をした時だけでした。眞弥ちゃんは、真っ直ぐにわたしの目を見て、口を大きくあけて歌っていました。はじめての曲を歌う時は、少し眉間《みけん》にしわを寄せて、上級生の様子を見ながら、最初は不安そうに、慣れるとだんだん元気良く、身体を動かしながら歌っていました。

他にも眞弥ちゃんと一緒に過ごす時間はたくさんありました。わたしが「こんにちは」と言いながら玄関の戸を開けると、どこにいても眞弥ちゃんはすぐに気が付いて、ピューっと走ってきました。そして「詠子先生、こんにちは！」と言い、ひと呼吸してから、「えっと、えーっとね……」と、まばたきをしながら、その日のできごとや、先生方と話したことを一所懸命報告してくれました。そしてまた、ピューっと別の先生のところへ走って行きました。

杏菜ちゃんと二人で籤《くじ》を作って、よく引かせてくれました。当たりが出るまで何度でも引かせてくれました。それから「杏菜ちゃんと繋《つな》いだ手がとれないから、呪文《じゅもん》をとなえて！」と言って来ることもありました。食事の前に歌う時も、みんなの顔を順番に見ながら、口を大きくあけて元気良く歌っていました。

最初に見せていた不安そうな表情がすっかり無くなり、この頃はいつも安心した様子で、学校生活を十分に楽しんでいたようです。本当に良かったと、わたしも嬉しく思っています。

林麗《れい》さんの話

わたし自身が教えていたのは「調理」だけでしたが、先生方がお休みした時、代わっていろいろな授業をしたので、眞弥ちゃんともたくさんのことを一緒にしました。

読書作文の授業も受け持ったことがあります。眞弥ちゃんは、本を読む時には少し両足を開いて椅子に腰掛け、両手の指に力を入れてしっかり本を持っていました。そして、眉間《みけん》にしわを寄せて、身体を動かさず、一心に読んでいました。

手芸の授業も2度したことがあります。ウールで羊を作りました。始める前は「はやくしようよー！」と言って待ちきれない様子でしたが、いざ始めると、なかなかうまくウールをワイヤーに巻き付けることができませんでした。そして、今度は「できなーい！」と言って足をバタバタさせていました。でも、そばについて、しっかり分かるように手順を話し、わたしがやって見せると、今度は頑張って羊らしい形のものができあがりました。その羊を両手に入れて、大事に持って帰りましたよ。

調理の時間は、上級生ができること、中学年の生徒ができること、そして、低学年の眞弥ちゃんと杏菜ちゃんができることをそれぞれ分担してやってもらいました。眞弥ちゃんと杏菜ちゃんにはお米を計ってもらいました。お米を計量カップに入れる時、眞弥ちゃんはぴんと背筋を伸ばし、手の指先が反り返えるほど、手にも指先にも力を入れていました。お米を一杯ずつ慎重に、慎重にカップに入れ、入れる時はまるでお米の一粒ひとつぶを見つめているようでした。計《はか》り終わると、いつもにこにこしていました。杏菜ちゃんと代わる代わるしていました。

今月のトピックス

休み時間には必ず職員室に来ました。眞弥ちゃんは部屋に入る前には必ず「コンコン」とノックをしました。そして、戸を少しだけあけて目を大きくあけて部屋をのぞき、それから入ってきました。

学校中のみんなと雪合戦をした時は、眞弥ちゃんは物怖《ものお》じしないで上級生の砦《とりで》まで走っていって、雪玉を投げて逃げ帰ってきました。

眞弥ちゃんはいつもいつも元気でした。転校してきた頃は角張っていて、時には気負った感じでしたが、時間が経つにつれてだんだん柔らかく、穏やかになっていきました。眞弥ちゃんの元気に触れると、いつもわたしは温かくて、嬉しい気持になりました。

中村トヨさんの話

眞弥ちゃんは身体が細く、いつも薄着でした。顔の中心によくしわを寄せていました。わたしが教室に入ろうとすると、杏菜ちゃんと二人で中からドアを押さえて「ノックをしてから入ってきて！」と言っていました。休み時間には、よく黒板に人の絵を描いていました。

授業中はよくおしゃべりをしました。一言、二言、わたしが話すと、それに対して十言も二十言も返ってきました。わたしの話の中に出てくることに対して、「好き」とか「嫌い」ということをよく言っていました。絵を描いている時は長く集中できませんでした。眞弥ちゃんが描く絵は、全体的に色が薄かったです。授業のテーマについても「これは描けない」とか、「違うものを描きたい」と言うことがたびたびありました。話し方はとても速く、良く笑い、よく動きます。そして動きはとても機敏です。時々、頼み事をすると、「いやだ、先生がすればいいじゃない！」と言いました。

休み時間は杏菜ちゃんとよく遊んでいました。ゲームをしたり、くじ引きを作っては先生方に引いてもらっていました。善悪に敏感で、悪には厳しく、誰かが間違ったことをすると、すぐに注意していましたね。

こちらに来てひと月、ふた月すると、身体全体の堅さがほぐれて柔らかくなってきました。そして、上級生たちともよく話をするようになりました。授業中も、わたしの話をよく聞くようになりました。そして、集中することもできるようになってきました。「いや」「きらい」「描きたくない」と言うことも少なくなり、筆の動かし方もしっかりしてきました。

食事の時も大きな声でしっかり歌うようになりました。お祈りのことばもはっきりと言うようになりました。「いずみの学校」でのリズムのある生活が、眞弥ちゃんの意志の力を少しずつ育てていっている過程がうかがわれて嬉しく思います。

小野里このみさんの話
眞弥ちゃんは、農場に来るといつも跳《は》ねるようにしてわたしの所へ飛んで来て、必ずその日にあったことを話してくれました。それから友だちの所へ、畑へ、鶏小屋へと、とにかくいつも動いていました。
園芸の授業は、鶏小屋の掃除から始めます。2年生の眞弥ちゃんと杏菜ちゃんの仕事は、水を取り替えることでした。寒くなると水道が凍《こお》って水が出なくなりますから、この仕事は大変です。「水が出ないけど、どうしたらいいいかな？」と眞弥ちゃんはわたしに聞きに来ました。そこで、わたしが「幼稚園からお湯を貰《もら》ってきて、水入れの中の氷を溶かしてから新しい水を入れてあげて」と教えると、眞弥ちゃんはバケツを取りに走って行きました。そして、臆《おく》することもなく幼稚園に入って行って、先生に「お湯をください」とお願いしてもらって来てくれました。
農場で働く人たちと一緒にお昼ご飯を食べたり、畝《あぜ》を作ったり、雑草抜きをしたり、収穫したり、鶏小屋の掃除をしたり……農場ですることは何でも楽しんでいましたよ。

藤岡貞雄さんの話

僕は眞弥ちゃんと杏菜ちゃんの体育の授業を受け持ちました。体育の授業の目的の一つは、子どもたちが喜びを持って「動く」ことができるように促すことです。2年生の場合は、主に「遊び」を通して「行為」への愛や喜びを育む必要があります。

眞弥ちゃんを見ていると、「動き」に対する発想が豊かであることに気づかされます。こちらが要求する「動き」をすぐにマスターするだけでなく、そこに創造性が加わり、工夫して遊びを発展させます。ふたりだけのクラスで、まったく気質の違う杏菜ちゃんの「動き」に気を配る優しさ、協調性も持っています。身体は軽く、いつもピョンピョン飛び跳ねています。真っ直ぐ立つことはできますが、じっとしていることは難しいですね。毎時間、真っ直ぐ立つ動き、しっかりと大地に足をつける動き、包み込む動き、のエクスサイズをしましたが、どれも、きちんとできました。

最初の頃は、呼吸の速さが気になりました。「動き」に対する欲求が強く、次から次へと意識が拡散していくので、そのことは常に留意して臨みました。眞弥ちゃんには光と力強さを感じます。そして、季節への愛着は強いものがあります。「勇気」の要る「動き」に対して、物怖じするところがあります。薄着を好みます。正義感が強く、わたしが車の制限速度を守らなかったりすると、よく指摘されました。

奥田陽子さんの話

わたしは中学年と高学年のクラスで手芸を教えています。休み時間や放課後など、職員室や廊下、校庭で見かける眞弥ちゃんはいつも元気に動き回っていました。東京に住んでいる眞弥ちゃんは雪が珍しいのでしょうか、冬のはじめの頃、地面に積もった雪に顔を近づけて雪を口いっぱいにほおばってにこにこしていた眞弥ちゃんの嬉しそうな顔が忘れられません。軒先からぶら下がっている長いつららを取って、ぺろぺろなめていた時も、とても嬉しそうでした。わたしが高学年と中学年の生徒に手芸を教えていることを知っていて、「今、中学年は何を作っているの？　眞弥は指編みでマフラーを編んだのよ」と言って、見せてくれました。物怖《ものお》じせず、はきはきして、いつも元気な眞弥ちゃんでした。

ナンシー・レオポルド

　わたしは眞弥ちゃんのクラスを教えていませんでしたので、あまり、眞弥ちゃんと関わることはありませんでしたが、学期末には、全学年の生徒と一緒に「英語劇」をしましたので、その練習をいっしょにしました。和歌子さんの話によると、初めはなかなか声を出して英語を話すことを躊躇《ためら》っていたそうですが、劇の練習を始めた頃はすっかり英語に馴《な》れていて、はっきりと大きな声で話していましたよ。楽しそうに英語で話していましたから、これからも続けられるといいですね。

コクレン・和歌子さんの話（当日は都合で出席できなかったため、後にレポートが送られてきました）

　最初の頃、眞弥ちゃんはとても緊張していて自分のことを強く意識しているようでした。眞弥ちゃんにとって、英語はまったく新しい経験だったからでしょうか、授業中は目を大きく見開いてパチパチと瞬（まばた）きをし、肩を強（こわ）ばらせていました。そして、間違うことを怖《こわ》がって、間違う可能性のあることを避《さ》けている様子がうかがわれました。わたしが英語で話しかけると、（How are you?というようなこと）分かっていても、答えが返ってくるまでにとても時間がかかりました。わたしが英語で言ったことを繰《く》り返す時も、ビンゴゲームで数を言う時にも、十分に時間をかけて迷いながら、恥ずかしそうに言っていました。

　時間が経つにつれて、眞弥ちゃんの様子は、もっと自然でのびのびしてきました。笑顔も増えて、授業中にふざけることも多くなりました。時には眞弥ちゃんが杏菜ちゃんに対して批判的なことを言ったり、杏菜ちゃんをリードすることもありました。でも、普段は二人でよく勉強も遊びも、協力して仲良くやっていました。

　最後の１ヶ月は、眞弥ちゃんはとても明るくなり、それほど自分を意識することもなく、歌やゲームを通してよく英語を口にするようになりました。

板東由美子さんの話（当日、身体の具合が悪くて来られなかったため、後日送られてきました）

　わたしは2年生に蜜ろう粘土と音楽、歌を教えました。きれいな色の蜜ろう粘土をたくさん用意しましたが、眞弥ちゃんはたくさんの色を使いませんでした。そして、青や緑や紫などの寒色を好んで使っていました。授業時間内に完成しない時は、いつも休み時間を使って仕上げていました。難しいことに挑戦することが好きで、わたしが手を貸そうとすると「自分でするからいい！」と言って、決して最後まで助けを求めませんでした。隣の高学年の教室から歌声が聞こえてくると、授業中でも上級生の歌に合わせて大きな声で歌っていました。

　蜜ろう粘土の授業では、隣のクラスの歌声に合わせて大きな声で歌うのですが、いざ、音楽の授業になると、元気がなくなりました。声も小さく、口も大きくあけませんでした。先生に指図されて歌うことが嫌だったんでしょうか？　リズム遊びや手遊び歌は好きで、「もっと、もっと」と言って張り切ってしていました。身体を動かすのが大好きですね。

杏菜ちゃんは誰にでも抱っこされるのが好きで、ある時、杏菜ちゃんとわたしが抱き合って踊っていました。眞弥ちゃんはそんなわたしたちを楽しそうに見ていましたが、わたしと目が合ったら、すっと外へ出て行ってしまったんです。人と打ち解けるのに、時間が必要なのですね。子どもが大勢集まっている時にも、部屋の隅《すみ》でみんなをじっと見ている眞弥ちゃんを見かけることがたびたびありました。

よく籤《くじ》を作って、わたしにも引かせてくれました。眞弥ちゃんはゲームを通して、人とコミュニケーションをとるのが好きだったようです。食べるものをとっても大切にして、人と分け合うことはしませんでした。

お父さんの話
「今、皆さんのお話を伺《うかが》って、一人ひとりの先生が、これほど真剣に眞弥を見ていてくださったことを知り、どうしようもなく心が震えています。自分は今までいったい何をしていたんだろうと思いました。眞弥が生まれてから、父親として、あの子とずっと一緒にいたはずなのに、わたしは本当に眞弥を見ていたんだろうか？と、今、考えています。もっと真剣に眞弥と向き合おうと思います。これから眞弥と一緒に、どのように生きていったらいいか、そして、眞弥にとって何が一番大切なのか、本気で考えます。でも、それを考えることは、自分の生き方を考えることなんですよ、ね、先生？
今年の夏、どうしても行きたいと言う妻にひかれて一緒に伊達に来て、わたしも「ひびきの村」のサマープログラムに参加しました。その時受けた、祐子さんの「インナーワーク」の授業にひどく衝撃を受けました。こんなふうな世界の見方があるんだとびっくりしました。こんなふうに見ると、今まで見えなかったことが見えてくるんだということに気がつきました。そして、今まで知らなかった自分自身も知ることができるんだということにも驚きました。

　妻が昔から人間の内面や、精神の世界に興味を持っているということは知っていました。けれど、わたしはそんなことにはまったく興味が無く、まあ、妻が好きでしているんだから良いだろう、と思っていたんです。わたしや子どもたちに迷惑さえかけなければ、って黙って見ていたんです。ですから、自分がそんなことを知ろうとも思わなかったし、まして勉強しようなんて思ったこともありませんでした。

　サマープログラムが終わって、東京に帰ってから、いえ、サマープログラムが終わった時に……あれっ、プログラムの最中に、君はもう言い出していたっけ？　そうだったね、プログラムが始まって三日目には「ここに戻ってきたい」って、言っていたね。そう、ですから、プログラムが終わった時には、妻はもう「ひびきの村」に戻ってきてＮＡＡプログラムをとる、って決めていたようでした。

　彼女はいいと思ったことは実現する人なので、いつかは「ひびきの村」へ行くだろうと、その時に僕は覚悟していました。でも、まさか、東京に戻ってすぐ、9月にまたすぐ行くと言い出した時には、びっくりしました。そんなに早く行くと言い出したのは予想外でした。でも、わたしは妻を信頼しています。彼女がそうしたいと言うのなら、彼女が「ひびきの村」で勉強することが、本当に必要なのだろうと思いました。そして、それが「今だ」と言うのなら、やっぱり「今」なのだろう、と思ったのです。ですから、反対もしませんでした。子どもたちを連れて行くことも、当然だと思いました。だって、ここにはこんなに素敵なシュタイナー幼稚園とシュタイナー学校があるんですから……。

　東京に一人残ったわたしは、妻が読んでいた、祐子さんの通信講座のブックレットを読み始めました。「ああ、正美《まさみ》はこんなことを考えていたんだ。こんなことに強く惹《ひ》かれて北海道まで子どもを連れて行ったんだ」、とその時はじめて分かった気がしました。そして、だんだんわたしも興味を持ち始めました。

特に「精神の進化」ということばに強く惹《ひ》かれました。サマープログラムのインナーワークの授業でしたことの意味が、ようやく少しずつ分かってきました。1年目のブックレットを一気に読んだ後は、2年目のブックレットが来るのが楽しみになりました。本気で勉強してみようかな、本気で勉強する価値がありそうだな、と今、思っています。

今仕事はとてもうまくいっています。でも、仕事だけが人生ですることじゃないですものね。仕事だけが大事でもないですよね。東京に帰ってゆっくり考えます。

昨日、クリスマス会に出させてもらって、眞弥が歌ったり、詩を唱えたり、劇をしたり、笛を吹いている様子を見て、『ああ、眞弥はここで本当に良い時間を過ごしたんだな、と思いました。眞弥の描いた絵、それから指編みっていうんですか？　毛糸で作ったマフラーや鍋つかみも見せてもらいました。どれもこれも、眞弥がここでどんなに幸せだったかを伝えているようでした。眞弥だけではありません。どの子もみんな幸せそうでした。

東京の学校へ行っていた時とは、眞弥の様子は明らかに違います。明るくて、いつも笑って、よくおしゃべりして、元気に飛び跳ねて……小さい頃の眞弥に戻ったようです。

　ありがとうございました。

お母さんの話

「東京での眞弥は、学校から帰るといつもぐったりと疲れていましたが、「いずみの学校」では、週末になると月曜日が待ち遠しい様子で、生き生きとしています。先生方やここの自然に守られて幸せそうでした。そんな我が子を見て、なにか心動かされるものがあったのでしょうか。夫の今のことばを聞いて、わたしは驚いています。子どもはどんどん大きくなってしまうのですが、家庭の和を第一に思い、夫の理解が得られるまで、できることだけをしながら待つつもりでしたが、こんなふうに急に流れが変わることもあるんですね。これからは二人で考えられそうです。わたしたちにとって「ひびきの村」に来ることは簡単ではなかったけれど、来て本当に良かったと思っています。新しい道が開けたようです。ありがとうございました」

新しい生き方を求めて

そこにいるみんなが話し終えた後、わたしたちはしばらくの間、それぞれの思いに浸っていました。ガラス窓を通してさし込む、太陽の光が部屋の中いっぱいに溢《あふ》れていました。外に目をやると、収穫した後、畑に取り残されたブロッコリーの茎《くき》が雪の中に見え隠れしています。時おり吹く風にゆれて、しだれ桜の枝から雪が舞い落ちます。世界のすべてが眩《まぶ》しく輝いていました。目をつむると、つい3日前までそこで遊んでいた子どもたちの姿が見えます。彼らの声が聞こえてきます。

この1年の間、どれほど多くのお父さんやお母さんが「ひびきの村」を訪ねていらしたことでしょう！　あの方々は今どうしているかしら？　そして、子どもたちは？　あの顔、この顔が思い出されます。

今大勢のお父さん、お母さんが子どものために最も必要なこと、最も大切なことを求めて「ひびきの村」にいらっしゃいます。そして、子どもが最も必要としているもの、子どもにとって最も大切なものがここにあると確信された多くの方々が、「ひびきの村」に移住してくることを考えていらっしゃいます。すでに移住していらした方々もいます。

そうすることは、ご自分たちの生きる場所を変え、生き方を変えることに他なりません。決断するためにどれほど大きな勇気が必要とされることでしょう。けれど、わたしがかつてそうであったように、子どもの教育を考えることは、自分の生き方を考えることだと気が付かれたおとうさん、お母さんはもう後戻りはできない、と感じているのでしょうね。

こうして、「ひびきの村」には、新しい生き方を求めて、たくさんの方がいらっしゃいます。スタッフとして働きながら、新しい生き方を探そうとする方がいらっしゃいます。「自然と芸術と人智学を学ぶ」プログラムで学びながら探す方もいらっしゃいます。ボランティアとして、ビジターとして、ワークショップに参加しながら……どなたも、どなたも真摯《しんし》に、謙虚に、ひたむきに求めていらっしゃいます。殆《ほとん》どの方が、この通信講座で共に学んできた方々です。彼らは、ルドルフ・シュタイナーの示す新しい生き方、すなわち「精神の進化」を目指す生き方を求めて、ここにいらっしゃるのです。

毎日、そのような方々と接しながら、この通信講座で共に学んでいる皆さまのことを、わたしは忘れたことがありません。今生活している場所で、今傍《かたわ》らにいる人と共に、今している仕事を通して、新しい生き方を求め、新しい生き方をしようと努力していらっしゃる皆さまの姿を思い浮かべています。

それがどれほど大変なことであるか、わたしは知っています。今いる場所で、今までと同じことを続けながら新しい生き方を求め、新しい生き方をしようとすることが、どれほど難しく、大変なことであるか、わたしには痛いほど分かります。

「ひびきの村」には同じ志をもっている仲間が大勢います。彼らはいつもわたしを励まし、慰め、支えてくれます。ここには目的に向かって生きることを、いつも思い出させてくれる仲間がいます。学ぶ機会も多くあります。ですから、「ひびきの村」で暮らしていたら、志を忘れることはありません。

皆さまのほうが、わたしたちの数倍も、いえ、数十倍も遥《はる》かに努力を必要とされる困難な生活をなさっていることでしょう。

新しい生き方を求めて、はるばる遠い「ひびきの村」までやって来、そして、今、新しく生き始めた方々の様子をお伝えすることは、皆さまの喜びとなるでしょうか？　励みとなるでしょうか？　慰めになるでしょうか？

皆さまのお力になるようにと願って、「ひびきの村」で3ヶ月の間暮らし、学んだ大塚眞弥ちゃんと、眞弥ちゃんを通して新しい生き方を求めようとしている、お父さん、お母さん、そして、わたしたち教師の姿をお伝えすることが、皆さまのお力になることを願って書きました。

ここにも書きましたように、眞弥ちゃんと机を並べて「いずみの学校」で勉強した吉井杏菜ちゃんのお父さんとお母さんは、1月には伊達市に引っ越していらっしゃることを決めました。そして、杏子ちゃんのお母さんも、札幌を引き上げることを考えていると話されていました。暮れから1ヶ月の間休暇を取ることを決められたお父さんと、その間にゆっくり話し合うとおっしゃって帰っていかれました。「ひびきの村」のスタッフが、杏子ちゃんの家族が残していった洗濯機と冷蔵庫を預かっています。

今期、ＮＡＡプログラムで杏子ちゃん、杏菜ちゃん、眞弥ちゃんのお母さんたちと一緒に学んだ方々の中にも、「ひびきの村」のスタッフとして残ることを決めた方々がいます。そして、明日も、明後日も（あさって）、そのまた翌日も……毎日毎日、新しい生き方を求めて「ひびきの村」に人が訪れます。

ここで暮らすわたしたち「いずみの学校」の教師たちも、そして、「ひびきの村」のスタッフもまた、新しい生き方、すなわち「精神の進化」を目指す人びとなのです。

子どもの成長段階Ⅴ

12歳から14歳まで
「思春期の入り口で」

**真に自分自身の人生を生きるために、自分と出会うために、
子どもたちは自分自身の存在に気づくのです。
それは子どもたちにとってのルネッサンス。
世界の広がりを、どのようにして理解してゆくのでしょう。
シュタイナー学校の性教育にも話題が及びます……。**

9歳の危機をのりこえて

だれでもが体験する9歳の時期を、なぜ、わたしたちは「危機」と呼ぶのでしょうか？　活発に身体を動かすようになった子どもたちは、それ故にその頃、生命の危険を体験するのでしょうか？　それとも成長した身体の仕組みが大きく変るこの時期に、それを上手に乗りこえることができないと、生命の危険に陥《おちい》るのでしょうか？　いいえ、そうではありませんね。「9歳の危機」とは、いわば、子どもたちが自分自身の存在に気づくということなのですね。自分自身に目覚めるということなのです。そして、生まれてはじめて見出したその「自分」がまた、世界とはじめて出会うのです。

けれど、なぜ、そのことが「危機」なのでしょうか？　なぜ、わたしたちはそれを「危機」と呼ぶのでしょうか？　そうです。もし、この時、子どもたちが自分自身と出会うことができなかったら……そのことこそを、わたしたちは「危機」と認識しなければならないからなのです。なぜなら、自分と出会わなければ真に自分を生きることができないからな

のです。自分を認識することができなければ、わたしたちは真に自分自身の人生を生きることができないからなのです。

わたしたちが「身体」と「生命体」と「感情体」を具《そな》え、その上に「自我」を持った人間としてこの世に生を受けたのは、「自我」に目覚め、「自我」を強く認識し、「自我」を生きるためなのです。そのために、子どもたちの内で3歳の時に「自我」が芽ばえ、9歳で子どもたちは「自我」に目覚め、そして21歳になった時に「自我」が完全に具《そな》えられるのです。3歳の時に「自我」が芽ばえることも萌芽《ほうが》も勿論《もちろん》そのプロセスの始まりとして、とても大切でした。そして、9歳の「自我」の目覚めは、21歳の時に「自我」が具えられるために、さらに大切なことなのです。

「9歳の危機」と呼ばれるこの頃、子どもたちは不安定な状態に陥《おちい》り、反抗的になります。家では話をしなくなります。家族と共に過ごすことを避《さ》けようとします。「いや」「きらい」「したくない」……と言い続けます。学校では先生の失敗を許そうとしません。なかなか「はい」と言いません。友達とも小さなことでよくぶつかります。

彼らの内で何かが変わり始めているですね。それは何なのでしょうか？　そうです。彼らは自分の内の自分に出会ったのです。それは初めて出会った、見知らぬ存在です。その存在とどうつきあってよいか、彼らには見当もつきません。子どもたちは戸惑っているのです。

けれど、もっと彼らを戸惑わせていることがあります。それは、大好きだったお母さんやお父さん、敬愛していた先生までもが見知らぬ人のように思えることなのです。これまで親しかった周囲のすべての人が、はじめて出会った人のように見えるのです。そしてお母さんも、お父さんも、先生も、自分とはまるで違う人なんだということに、気づいたのです。

これまで、子どもたちはお母さんと一緒にいるのが大好きでした。先生のそばにいることを心地よく感じていました。石ころも、草も、木も、花も、そして、雲も、空も、月も、太陽も……彼らは、彼らのまわりにあるすべてのものを愛し、それらと共に生きていました。そして、幸せだったのです。

それなのに、ある日突然、子どもたちは世界と自分とが別な存在であるということに気がつきました。お母さんは自分と別な存在であり、自分とは違うことを思い、違うことを話し、自分と違うことをする人なのだ、ということに気がついたのです。お父さんも、おばあちゃんも、おじいちゃんも、先生も……世界中のみんなが、自分とはまったく別な人だ、と分かったのです。それは、子どもたちにとって実に大きな衝撃だったことでしょう。

世界はこんなに広いのに、世界はこんなに大きいのに、それなのに……「世界中でわたしはひとりぼっちなんだわ」「こんな大きな世界で、僕はたった一人で生きてゆかなくちゃいけないんだ」……彼らはそんな思いに押しつぶされそうになっています。怖くて、心細くて、不安でたまりません。

勿論、ここに書いたように、子どもたち自身がはっきりと、彼ら自身の状態を認識しているわけではありません。彼らは何となく恐ろしく、寂しく、不安なのです。そして、心細くて落ち着くことができず、誰に対しても怒りの気持が湧《わ》いてくるのです。彼らはどうしてそうなるのか、彼ら自身がその原因を知ることはできません。なぜ、いつもいらいらするのか、寂しいのか、不安なのか分からないのです。今まで何にも感じなかったお母さんのことばに、今はどうしてこんなに怒りを感じるのか分かりません。訳が分からないまま、彼らはそんな状態に陥《おちい》るのです。ですから、彼らはよけい混乱し、困惑しているのです。

彼らがそんな状態に存るということを、わたしたちは理解することが必要ですね。そんな彼らを心から支えてあげなければなりません。彼らの振る舞いを、「急に悪い子になってしまった！　どうしたらよいのかしら？」と戸惑ってばかりいてはいけないのです。「わたしの言うこと、すること、何もかもが気に入らないみたいだわ。どうしてこんなにひねくれてしまったのかしら？」と嘆《なげ》く必要もありません。「どうしていつもお父さんを避《さ》けるのかしら？　以前はあんなに帰りを待っていたのに……。お父さんが帰ってくると、自分の部屋にさっと消えてしまって！　今から親子の断絶が始まったら、この先どうなるのかしら？」なんて、心を痛めることもないのです。

彼らは今、必要があってそうしているのです。彼らの内で、真に人間として生きるために必要な「自我」が芽生え、今「自我」と葛藤《かっとう》しているのですから……。

大人のわたしたちでも、はじめて出会った人とはなかなか打ち解けることができませんでしょう？　ましてや彼らは9歳の子どもです。生まれてから、まだたったの9年しか生きていないのです。戸惑うのは当然です。混乱するのも当たり前です。

……「えっ、だってわたしたちは家族なんですよ。生まれた時から一緒に暮らしているんですよ。わたしたちは子どもにとって見知らぬ人ではないんです」……ええ、分かっていますよ。でも、子どもたちは今はじめて目覚めたのです。今はじめて、世の中には「自分ではない人」がいるんだ、ということに気がついたのです。そして、そのことに気がついた「自分」にも、彼らははじめて出会ったのです。子どもたちにとっては、あなたも、あなたの夫も、両親も、先生も、すべての人が、今はじめて出会った人なのですよ。

考えてもみてください。もし、わたしたちがある日突然、大勢の見知らぬ人と一緒に暮らさなければならなくなったとしたら……不安で、恐ろしくて、怖くて、落ち着きませんでしょう？　あの人はどんなことを考えているのだろう？　この人は何をする人なのだろう？　あんなことを言っているけど、あの人はどんなつもりなのかしら？……と、いつも様子をうかがい、気を張り、気を配って落ち着かないことでしょう。

今、子どもたちは、いわば、そんな状態に在るのです。あなたがどんな人であるのか知ろうとしているのです。お父さんがどんなことをしているのか、先生がどんなことを考えているのか、隣のおばさんは自分をどんなふうに思っているのか知りたいのです。

でも、安心してください。こうして不安で、不安定で混乱した状態の中に在っても、子どもたちは両親の愛を感じて感謝していますよ。先生のいつも変わらない誠実な態度に心打たれていますよ。下級生に心を配る上級生に憧《あこが》れています。おじいちゃんおばあちゃんの温かい心に触れて心を和《なご》ませ、勇敢に生き抜いた歴史上の人物に勇気をもらっています。……こうして、子どもたちの心の内に自分以外の人を、そして、世界を受け入れようとする気持が湧《わ》いてくるのです。

世界には自分以外の人が大勢生きているのだ、そして、一人ひとり、みんなが違う存在なのだ、お母さんもお父さんも、家族のみんなも、自分とは違う人なんだ、友達も僕とは違うんだ……ということを理解しようとし始めるのです。そして、初めて出会った「自分」が、初めて出会うすべての人と、仲良く暮らしてゆこうと思うようになり、こうして、子どもは、一人の人間として生きる旅に出てゆくのです。まわりの人に自分が受け入れられた時、彼らはまた、人を、世界を受け入れることができるようになるのですね。

こうして子どもたちが世界を受け入れ、世界と折り合い、人と共に生きることに喜びを感じるようになった頃、視界の遥《はる》かかなたに、水平線が見えてきます。それは、子どもたちにとってのルネッサンス期の始まりなのです。

ルネッサンス期とは、人類が「人」として目覚めた時です。（地球上の他の地域で暮らす人びとの中には、そのずーっと後になってからルネッサンス期を迎えた人びともあります）全人類が辿《たど》ってきた道はまた、一人の人間の成長のプロセスとも重なり合います。つまり、人類が経験したルネッサンス期は、9歳の「危機」を乗りこえて一人で世界に船出し、人類の一員として世界に向き合おうとし始めた、12歳から14歳くらいの子どもたちの成長の時期と重なり合うのです。いわば、12歳から14歳くらいの子どもたちは、人生のルネッサンス期にあると言えるのですね。

この原稿を書くために、古いノートを読んでいましたら、とても興味深い記録が出てきました。それは、わたしの次男の次郎が7年生（中学1年生）の時に受けた、世界史の授業の記録でした。わたしは当時、7年生のアシスタント教師をしておりました。そして、担任のパトリック・ウエークフォード・エヴンス先生の素晴らしい授業を、毎朝子どもたちと一緒に受けるという幸運に恵まれていました。日本にシュタイナー学校を創りたいと言うわたしを、エヴンス先生は猛特訓してくださいました。そして、必要に応じてわたしに授業をさせてくださいました。

毎日毎日新しい発見がありました。彼と交わしたどんなに短い会話の中にも、彼が何気なく発したことばも、わたしには天の啓示のように聞こえました。彼のことばはいつも黄金のように輝いていました。彼のもとで経験したすべてのことが、わたしの血となり肉となっていることを感じます。今わたしが「いずみの学校」で、与えられた使命を全うする日々を送ることができるのは、実に彼の力に依るものです。

生来怠け者のわたしは、エヴンス先生がされた授業のすべてを記録することはできませんでした。けれど、珠玉《しゅぎょく》のような彼の授業のいくつかを是非、皆さまにも体験していただきたいと考えました。ここには、今わたしが「いずみの学校」で行っている授業の様子を書く予定でおりましたが、わたしが心から敬愛するエヴンス氏の素晴らしい授業を体験してください。

12歳から14歳の間に、子どもたちが何を学ぶ必要があるかということを、お分かりいただけると思います。

僕の世界がひろがってゆく

アメリカで生活を始めてから2年が経ち、次郎は7年生になりました。今、彼は世界史の授業で「ルネッサンス期」を学んでいます。そんなある日のことでした。

「お母さん、この頃僕のまわりの世界が、どんどん大きく広がっていくような気がするんだよ。こうして空を眺《なが》めていても、今までより空がずっと大きく見えるんだ！　エヴンス先生以外のいろんな先生ともたくさん話せるようになったし、お母さんの大学の友だちとか、スーパーマーケットのレジのおじさんとか、ドーナッツショップのおばさんとか……他にもいろんな人と知り合うことが多くなったんだよ。そして、その人たちといろんなことが話せるんだ！　友達とも前よりずっと分かり合えるしね！　なんだか僕の人生が濃くなっていくみたいなの」

学校から戻った夕暮れのひとときのことでした。わたしはいつものように庭に出て、暮れていく空を眺《なが》めながら、温かいお茶で一日の疲れを癒《いや》していると、次郎が来て、そういうのです。二人で見上げている空は次第に濃さを増してゆき、カラスが1羽バタバタと羽音を残しながら飛び去ってゆきました。

……次郎は、今まさに人生のルネッサンス期を生き始めているんだわ！　空が以前より大きく広く見えるんですって！　いろんな大人と知り合い、その人たちとたくさん話ができるんですって！　友達と分り合えるんですって！　人生の彩《いろど》りが濃くなってきたんですって！　よかった！　よかったね、次郎……

そう、13歳になろうとしている次郎は、今まさに人生のルネッサンス期に入ったのでした。「9歳の危機」に在った頃、彼は怒りっぽくて、始終いらいらして、周りの人にあたったり、突っかかることが多かったのに……あの「危機」を乗りこえてから、彼は確実に変わってきたようでした。落ち着きが増し、人に思いを寄せることができるようになりました。深く考えるようになりました。一人で過ごす時間が多くなりました。自分の好みの服装をするようになりました。そして、彼は今、マーティン・ルーサ・キング牧師とジョン・F・ケネディーを心から尊敬し、彼らの伝記を読み、彼らの演説を暗唱しては口ずさんでいます。

そう、彼は今めざましく成長しているのです。そちこちに幼さを残しながらも、彼の身体は急激に変化しています。彼の両の手は天に向かい、足は地に深く根をおろそうとして懸命に伸びています。日に日に声が低く太くなってゆきます。身体の骨組みもしっかりしてきました。そして、彼の心は内へ内へと、深く自己へ向かい始めています。彼の上に起きているすべてのことが、彼の自我に目覚め今ルネッサンス期を生きようとしていることの顕《あらわ》れなのです。

そして人生のルネッサンス期を生きようとしている次郎が、今学ぶ世界史は、ルネッサンス期でなければならないのですね。ルネッサンス期の歴史を体験し、学ぶことによって、次郎のまわりに広がる世界は現実のものとなるのです。彼と世界との間に緊密な関係が生まれ、彼自身と世界は乖離《かいり》することなくその関わりが築かれるのです。

次郎が今、ルネッサンス期の歴史を学んでいる意味はこういうことなのだと、わたしは目を覚まされた思いがするのでした。次郎の人生と、人類の歩みとがこうして重なり合ったのです。シュタイナー学校のカリキュラムが、これほど深く洞察した上で創られたものであるとは……。カレッジで学んではいたものの、今こうして、その深い叡知《えいち》の働きを目の当たりにして、その事実にわたしは圧倒され、深く感動したのでした。

子どもにとってのルネッサンス

乳歯が抜けて永久歯に生え替わるまで、子どもたちはまるで夢のような意識の中で成長します。人生でもっとも身体が成長するその時に、もし、子どもたちが、はっきりと目覚めた意識を持っていたら、身体が存分に成長しません。学校に行き、勉強を始めるようになる頃、子どもたちの内で、心が育ち始めます。子どもたちは美しい色、美しい音、整った形、正しいことば、善なる行いを好むようになります。そして、9歳になると、子どもたちは自分自身と、そして自分を取り巻く世界に出会います。はじめはうろたえ、慌《あわ》て、騒ぎますが、やがて、彼らは世界に向かって船出しようとします。自分が感じたことを大切にし、自分で考えようとし始めます。そうして、世界に向き合い始めるのです。

人類の歴史も、一人の人間の成長と同じプロセスを辿《たど》ってきました。この世に人類が誕生した時、人びとは赤ん坊のように、神の加護《かご》の下（もと）にいました。必要なものはすべて神が与えてくださいました。人は神に従い幸せに暮らしました。けれど神と人間との蜜月《みつげつ》の時は過ぎ、人々は目を覚ましました。そして、彼らはこの世の中に「自分」と「世界」

とがあることに気づきました。彼らは神のことばに耳をふさぎ、物事を自分で考え、自分で決めたいと望むようになりました。そうして、彼らは閉じこめられていた小さな場所から、見知らぬ世界へと旅立ったのです。それがヨーロッパ大陸の歴史の中で、ルネッサンス期と呼ばれている時代なのです。

　人間の意識が外へ外へと向かっていったヨーロッパのルネッサンス期と、一人の人間として大きく成長しようとしている12歳から14歳くらいの子どもの人生とが、ここで見事に重なり合います。今子どもたちは、世界の歴史の流れを自分の中に感じます。彼らは大きな時の流れの中で、世界と共に生き、成長しようとしています。彼らの内で思考の力が育ち始め、世界を理解したいと切望しています。シュタイナー教育は、そんな子どもたちに応《こた》えて、彼らの成長に必要な力を授《さず》けようとしているのです。

　……今の彼の在り方と重なり合う世界の歴史を学び、それが彼を生き生きとさせ、学んだことが彼の真の生きる力となる……そんな学び方をしている次郎が、わたしは羨《うらや》ましくてなりませんでした。わたしもそんな授業を受けたかった！

　その時わたしは、昔わたし自身が受けた歴史の授業を思い出さないわけにはいきませんでした。それは、権力を持った人間や、著名な人物がいつ生きたか、何をしたか、それによって何が起きたか、という事実とその年号を「知る」だけのものでした。そこには、わたしの心を捉《とら》える人物も出来事もありませんでした。ただただ人物の名を「覚え」、場所の名と、年号を「覚える」だけのものでした。

　高校生1年生の時に受けた歴史の授業を思い出すたびに、今でもわたしは大きな憤《いきどお》りと深い嫌悪の念を覚えます。生徒たちの顔も見ず、机の上に置いたノートを見ながら、べらべらとただ史実を述べるだけの先生の顔、様子、姿、教室に漂《ただよ》う倦怠感《けんたいかん》と嫌悪感……涙が出ます。

「人類の文化がどのような発達を遂げてきたかということが、歴史の授業にとっての基本的な課題とならなければならない。そして、何よりも大事なことは、教師が歴史的衝動を理解することである」と、ルドルフ・シュタイナーは言っています。

　なぜ、その時に、そのことが起こらなければならなかったのか？　なぜ、あの時、あの人物はあのことを行う必要があったのか？　それは何に駆《か》られた結果なのか？……強い歴史的衝動……それこそが歴史の授業の中で、わたしたち教師が子どもたちに示さなければならないことなのです。そのためには、わたしたち自身が歴史に対して心から興味を持ち、絵画、彫刻、建築、音楽、文学から、そして、法律、政治、経済、商業……。その時代と、その時代に生きた人びとのイメージを取り出すことができなければなりません。そして、彼らが好んだ衣服や食物を、彼らが暮らした街並みを、彼らが目にした山や林や森や海を、彼らが愛した草や木や花を、彼らの傍らを通り抜けた風を、彼らを温かく包んだ熱を、彼らを照らした光を……今、わたしたちは子どもたちの目の前に、蘇《よみが》えらせるのです。そうして、子どもたちにその時代の世界のイメージを手渡さなければならないのです。

　ルドルフ・シュタイナーは、シュタイナー学校の教師たちに向かってこう言ったそうです。

　……あなた方が歴史を教える時に必要なことは、あなた方自身が、歴史を動かす力や権力に対して適切な判断を持つこと。そしてわたしたちが努力しなければならないことは、教師として広い心を持つことです。このような観点からだけ、歴史的現実についての大きな見通しを持つことができます……

ルネッサンスの意味

　エヴンス先生は、メインレッスンで新しい教科を教える時には、いつでも教室をその雰囲気に相応《ふさわ》しいように整えます。そして、それは、アシスタント教師であるわたしの仕事でした。

「世界史・ルネッサンス期」の授業が始まる前の日曜日、わたしは教室の模様変えをしました。前もって図書館から借りておいた資料を教室へ運びます。教室の正面にはレオナルド・ダ・ヴィンチの「最後の晩餐《ばんさん》」の複製画を、教室の後ろには「新世界発見」の地図を、右の壁にはボッティチェリの「ヴィーナスの誕生」、フラ・アンジェリコの「聖告」の複製画を、左の壁にはヴァスコ・ダ・ガマの肖像画と、クリストファー・コロンブスがサン・サルバドルへ上陸した様子を描いた絵を貼りました。

黒板の前の右のコーナには小さなテーブルを置き、カーテンと同じブルーの布で覆《おお》いました。そして、その上にはアンティックの店で見つけた古い羅針盤《らしんばん》と、エヴンス先生と二人で資料を集めて作った四分《しぶん》儀《ぎ》を置き、花を飾りました。

窓際にはブック・スタンドを置き、美術書をのせます。絵はその日の授業の内容にふさわしいものを選んで変えます。教室の後ろの掲示板にもブルーの布を貼りました。メインレッスン・ブックの表紙には輝くような青と、まばゆく輝くような黄金色を選びました。そして、黒板には、多くの探検家の夢を乗せて航海した帆船《はんせん》を大きく描きました。大きく張った帆が強風にあおられて、右に大きくかしいでいる帆船の様子でした。舳先《へさき》は大波に洗われ、甲板の上では船員たちが叫び、罵《ののし》り合い、そして励まし合いながら、必死で船を操《あやつ》っている様子が見られます。

そんな教室の中で7年生の世界史、ルネッサンス期の授業が始められました。

世界史・ルネッサンス期

「今日から三週間、わたしたちはルネッサンスの歴史を学びます。『ルネッサンス』ということばは、あなた方もよく聞いて知っていると思いますが、『ルネッサンス』と聞いて、あなた方はどんなことを思いうかべますか?」

エヴンス先生の質問に答えるために、子どもたちの手がつぎつぎと上がります。

……「騎士、女王、王様」「新しいはじまり」「シェークスピア」「ルネッサンス音楽」「ルネッサンスの楽器」「まったく違う世界」「ミケランジェロ、ラファエロ、ダ・ヴィンチ」「正義」「航海」「ジャンヌダーク」……

子どもたちのことばを受け継いで、エヴンス先生が続けます。

「みんな、それぞれ『ルネッサンス』についてのイメージを持っているのですね。今みんなが言ってくれたことばの中に、わたしはとても生き生きした生命の力を感じました。あなたがたが持っているイメージのように、『ルネッサンス』とは『復活』という意味なのです。いったいそれは「だれの」、あるいは「何の」、「何からの」復活なのでしょうか？一緒に考えてみましょう。

わたしたちは6年生の世界史の中で、中世期、つまり、ルネッサンス期の前の時代について学びました。中世期の人びとにとって、世界は謎《なぞ》に満ちていました。世界は分からないこと、知らないことだらけでした。中でも、死はことさら謎であり、最も恐ろしいことでした。そんな人間にとって、神の存在は絶対でした。神がすべてでした。神に縋《すが》り、神に救いを求め、人びとは神に光と希望を見出そうとしました。けれど、人びとにとって神は畏《おそ》れ多い存在であり、人は神と直接対話し、教えを請《こ》うことはできませんでした。

その時代にあって、神と人間をつなぐ者が在りました。それは教会であり、聖職者は人びとに神の御心を告げる者でした。人びとは神の御意志を伝える者として彼らを敬い、慕い、また懼《おそ》れたのでした。教会の教えは神の御心であり、神のことばであり、それは絶対に守らなければなりませんでした。人びとはその教えに身体も心も縛《しば》られていました。そして、自由に感じ、自由に考え、自由に振る舞うことを許されませんでした。たとえ、自由に生きようとしても教会がそれを強く禁じました。人びとの中には自由に生きたいと願う者もいましたが、それ故に彼らは教会に罰せられ、社会から葬《ほうむ》り去られる運命を辿《たど》りました。そして、時には生命を奪われることもありました。魔女狩りもその一つの例でしたね。

こうして人びとが自由に考え、生きることを妨げていた社会の中で、栄えていたのは教会でした。その頃、教会が文化の中心でした。人びとは塀《へい》に囲まれた小さな村に住み、同じ信仰をもち、信仰によって生まれた同じ価値観をもって暮らしていました。人びとは、ダンテの『神曲』に書かれているように、大罪を犯した者は地獄に落ち、終わりのない責め苦を受けなければならない。そして、小罪を犯した者は煉獄《れんごく》へ行き、犯した罪の償いを終えるまで苦しまなければならないのだ、と信じてました。そして、神の教えを守らず、地獄へ落ちることを心から懼《おそ》れて暮らしていたのです。

そんな中世の人びとにとって、毎朝東から昇り、やがて西に沈む太陽と、28日の間に欠け、再び満ちる月と、1夜のうちに、大空を動く星々は、大きな謎でした。

その頃、地球はまっ平らで、その先端に行きついた人は、だれでも地獄にまっ逆さまに落ちるのだと人びとは考えていました。またその反面、宇宙そのものは球体であり、宇宙にあるものすべてのものもまた球体であり、宇宙のすべてが円い軌道に従って動いていると考えられていたのです。

さて、そんな時代を長く過ごし、やがて人びとは……「自分」が在る……ということに気付き始めました。そして、その「自分」が感じている、見ている、聞いている、触っている「世界」があることにも気付き始めました。そして、人びとは「自分」が感じている、見ている、聞いている、触っている「世界」は、教会の聖職者たちが示している「世界」とは違う、ということにも気付き始めました。やがて人びとは、「自分」が感じている、見ている、聞いている、触っている「世界」を大切にしたいと考えるようになったのです。こうして、人びとは「自分」と「世界」に目覚めてゆきました。それまで教会に押しつぶされていた人びとの生命の力が蘇《よみがえ》り、彼らは彼ら自身の意志で生きてゆきたいと願うようになりました。ルネッサンス＝復活とは、人びとの生命の蘇り、つまり復活を意味しているのです。

この時から「世界」は人びとにとって、まったく違うものに見えてきたに違いありません。彼らはそれまで信じていた、目に見えない、耳で聞こえない、手で触ることができない「神」の存在を疑うようにさえなったのです。それまで、人びとは、理解できないこと、未知のもの、人間の力では越えられないものを、すべて神に委《ゆだ》ねていました。けれど目覚めた人びとは今や人間の力を頼り、人間の力を信じ、すべてを人間の力に恃（たの）むようになったのです。そして、人びとは目に見えないもの、手では触れることのできないもの、人間のことばでは証明できないもの…すべてを否定するようになったのです。

こうして、「天」と「地」と「人」（精神・物質・心）に対する人びとの考え方が変わり、彼らは中世の人びととはまったく違う生き方をするようになりました。この時代がルネッサンス期と呼ばれる時代なのです」

シュタイナー学校の性教育

エヴンス先生はその後、子どもたちに、中世期の人びとを代表する思想家、ダンテ・アリギエリの生涯を語りました。先生は、ダンテの生涯を語ることによって、中世期とルネサンス期の人びとの考えや暮らしぶり、また世界に対する感じ方や考え方の違いを明らかにしようと試みたのです。

「さて、皆さんは『神曲』という長い長い詩を聞いたことがありますか？　『神曲』は中世期に生きたダンテ・アリギエリの手によって書かれました。今日はそのダンテの生涯を話しましょう。

１２６５年５月、ダンテはイタリア南部の町、フローレンスに生まれました。その頃、フローレンスはイタリアの文化の中心として栄えていました。音楽、文学、絵画、彫刻……偉大な芸術家が多く暮らし、栄華をきわめていました。

ダンテは貿易商を営む父と、音楽をこよなく愛する美しい母親の間に生まれました。両親は毎日曜日には必ず礼拝に出、司祭のことばに従い、多くの献金を差し出す大変信仰心の深い人たちでした。彼らの生活の中心は常に神の教えであり、教会でありました。

さて、ダンテはほっそりしたお母さんによく似た、痩《や》せた子どもではありましたが、決して弱い子どもではありませんでした。むしろ、とても意志の強い、決めたことはどんなことがあってもやり抜く子どもでした。彼の黒い瞳は美しく澄んでいました。そして、しっかりとした型の鷲鼻《わしばな》は意志の強さを、繊細な唇は優しさを表していました……」

こうして始められたエヴンス先生の語りは、素晴らしく生き生きしたものでした。物語には色があり、音があり、動きがあり、そして香りまでが漂《ただよ》ってくるようです。聞いているうちに、フローレンスに生まれたこの偉大な詩人を、子どもたちの中で息づき、まるで自分のおじいさんかその友人であるかのように身近に感じるのでした。こうしてダンテは生命を持った人として、子どもたちの心の扉を叩いたのです。

物語は佳境に入り、エヴンス先生の語りは、ダンテとベアトリーチェの出会いの場面にさしかかりました。

「ダンテが18歳になったある春の日のことでした。いつものように散歩に出かけると、港に続く通りの角で、彼は一人の女性と出会いました。その女性はダンテと目が合うとにっこり微笑み、軽く頭を下げて通り過ぎて行きました。そのほほえみはダンテの心を強く打ちました。それは優雅で、美しく、すべてを包み込む温かさを感じさせました。思わずダンテは足を止め、振り向いて、その女性のうしろ姿を見つめました。彼女の長い髪が輝く太陽の光の中で黄金色に揺《ゆ》れていました。そして、彼女のまとった純白の衣の裾《すそ》は七色の虹のように輝いていました。連れの人と話している彼女の声が春の風にのって、まるで竪琴《たてごと》のように響いてきました。ダンテはいつまでもいつまでも彼女を見送っていました。そして、彼女の姿が視界から消えた後も、その場を立ち去ることができませんでした。ダンテはその美しい女性に、身も心もすっかり奪われてしまったのです。

それほど強く惹《ひ》かれはしましたが、ダンテは決して彼女の後を追って名前を知ろうとか、彼女の生い立ちや家族のことを知ろうともしませんでした。ダンテは、彼女と関わることを望まなかったのです。後にダンテは偶然、彼女がベアトリーチェという名の貴族の娘だということを知りましたが、それでも、会いに行こうとはしませんでした。そしてそれきりダンテは生涯、再び彼女と出会うことがなかったのです。

けれど、彼女の輝くような笑顔と黄金色に揺《ゆ》れる髪、虹色に輝く純白のドレスと竪琴《たてごと》のように美しい声を、彼は一日として思い出さない日はありませんでした。ベアトリーチェは、ダンテが人生を正しく強く生き抜くための力となりました。真なることば・善なる行い・美しい心を示す存在として、ベアトリーチェはダンテを支え、励まし、慰め続けたのです。そして、ベアトリーチェを想うダンテ自身の「心」が、彼に不世出の詩『神曲』や『新生』を書かせたのでした」

　ダンテが生涯を通じて出会った、たった一人の女性ベアトリーチェの美しさ、すばらしさに子どもたちはうっとりと聞き惚《ほ》れていました。そして、彼女を愛し、敬い、慕《した》うダンテ自身の「心」が、彼に偉大な作品を書かせたのだということに、大きな驚きを感じたようでした。

　その後エヴンス先生は、『神曲』の内容を豊かに語り、中世期からルネッサンス期に移るその過程の中で、人はどのような意識を持って生きていたかということを、心を込めて子どもたちに伝えたのでした。

　エヴンス先生の語りの中には色、形、音、動き、肌触りが生き生きと感じられます。それは子どもたちの心を打たずにはいません。

　この物語の中から、子どもたちはもう一つ大切なこと、「異なる性を持つわたしたち、つまり女性と男性の関わり」を学びました。

　エヴンス先生は、「男女の関わり」について、子どもたちに「いつ」、「どのように」伝えたらよいかと、かねがね心を砕《くだ》いていました。つまり、「女性と男性が互いの努力によって、共に築く関係」について子どもたちに話す……それはエヴンス先生にとっての「性教育」でした。エヴンス先生はダンテとベアトリーチェの関わりを物語ることによって伝えたのです。

　実は、その一月《ひとつき》前に持たれた父母会で、「性教育」が話題にのぼったことがありました。マイケルの母親が、エヴンス先生に「学校で『性教育』をして欲しい」と頼んだのです。それに対してエヴァンス先生はこう答えました。

「お父さん、お母さん、それはあなた方の仕事ですよ。あなた方が、家庭でしなければならない仕事だと、わたしは考えています。「性」について、いつ、どのように伝えるか、あるいは伝えないかは、あなた方がご自分の子どもさんを見て判断してください。

　子どもたち一人ひとりの成長のし方が違うということは、誰の目にも明らかですね。それぞれ違う27人もの子どもに向かって、教室でわたしが「性」について語ることは大変危険です。ある子どもはすでに「性」に目覚め、「性に」興味を持ち始め、「性」についてとっても知りたがっています。が、成長の遅い子どもはまったく興味を持っていません。そんな子どもたちは「性」について知る用意ができていないのです。

12歳の子どもたちに、むりやりお酒を飲ませようとする大人がいるでしょうか？　誰もそんなことをしようとは思いませんね。そんなことをしたら、子どもの健康を害すということを知っていますから……。

用意のできていない子どもたちに向かって「性」の話をすることは、それと同じくらい危険なことです。成長しつつある子どもたちの身体に、アルコールを流し入れることと同じです。わたしたちは決してそんなことをしてはなりません。

「性教育」について、もう一つ大事なことがあります。それは、「性」そのものを語ることだけが「性教育」だと、わたしは考えていないということです。今、市中のそちこちの学校でされていますよね。けれどあの手この手を使って、子どもたちに「性」の実体を説明することが、望ましい「性教育」だと、わたしは考えていないのです。

お母さん、お父さん、家庭でのあなた方の在り方が、また、あなた方の日々の関わりこそが、子どもたちに正しい「性」の在り方を示すことができるのですよ。そして、学校でのわたしたち教師の生き方や、わたしたちの関わり方が、子どもたちにとって一番相応《ふさわ》しい「性教育」だと、わたしは確信しているのです。

ご心配なさらないでください。わたしは折りを見て、わたしのやり方で、「性」について子どもたちに語ろうと考えていますから……。生物の授業の中ですることもできます。あるいは歴史や音楽や地理の授業の中でもできます。勿論《もちろん》、子どもたちと交わす、毎日の会話の中でも……」

わたしもまったく同感でした。子どもたちを視聴覚教室に集めて、スライドを使って「性」そのものを説明するというやり方は、どう考えても乱暴過ぎます。わたし自身は、二人の男の子を持つ母親でしたので、「性に」ついて語る役割を夫に任せてしまいました。が、夫婦二人で一緒に、真心を込めて、子どもたちに伝えることができたら良かったのに……と、今つくづく思います。

さて、魅力的な女の子と出会ったら、すぐに名前を聞き出し、電話番号を探ってデートを申し込もうとするアメリカの男の子、クールな男の子と出会ったら、自分の名前と電話番号を売り込もうとするアメリカの女の子たちは、エヴンス先生の意図を理解することができたでしょうか？　そして、エヴンス先生の考えに共感することができたでしょうか？……

果たして子どもたちは釈然《しゃくぜん》としない様子でした。彼ら大きな違和感を感じたようです。

7年生の教室では先生の語りが終わり、話し合いの時間になりました。

「ダンテの気持ちがゼーンゼンわからないよ。僕だったらすぐ後を追って女の子の名前を聞くんだけどなあ……」と、スティーブン。「そうだ、そうだ」と相槌《あいずち》をうつ彼の仲間。「ダンテみたいなことしてたら、一生結婚できないわ」と言ったのはエヴァ。「いっくら素敵な子でも、話をしてみなきゃ分かんないよ」と、呆《あき》れ顔で言うのはクリストファー。大方の意見は「ダサイ」「分からない」「変（へん）」というものでした。なんて正直な子どもたち！

そんな子どもたちに向かって、エヴンス先生は静かに、そして、厳《おごそ》かに話したのでした。

「男女の関わりとは、一緒にものを食べたり、話したり、遊ぶことだけではないのだよ。また、一緒に暮らすことだけでもありません。離れていても、愛し合い、尊敬し合い、労《いたわ》り合い、大切にし合うことができるのです。それも、男女の関わりの一つの在り方です。男女の関わりとは、互いに成長し、高まり、立派になるためのものであり、それは、実際に交わることだけで叶《かな》うものではありません。

そのような男女の関わりを持っている人、持とうと努力している人がこの世にはいます。わたしもその一人です。あなたがたのご両親もそうありたいと願っている方々です。ここにいるミセス・オオムラもそうでしょう」

男性と女性が真摯《しんし》に関わることによって清く気高い精神を育てることができるということ、それが人間の正しい成長を促し、ひいては人類を正しく進化させ得る力となるのだということを、ダンテの生涯を語ることを通して、エヴンス先生は心をこめて話したのでした。

ルネッサンス時代に、人びとは新しい世界観、新しい人間観を求めて見知らぬ世界に向けて船出しました。サクラメト・ヴァルドルフ・スクール（シュタイナー学校）の7年生、27人の子どもたちも、今、高い精神を掲げ持つエヴンス先生に導かれて、未知の世界へ続く長い道のりの第一歩を踏み出したのです。

エヴンス先生の歴史の授業は、この後、中国に渡ったマルコ・ポーロの話へと続きました。そして、その翌日には、中国大陸を制覇《せいは》し、朝鮮半島、ひいては日本にまでその権力を広げようとしたジンギス・カーンの話を、わたしがしました。その後、子どもたちは、航海王と呼ばれたポルトガルのヘンリー王の話、そして、安全な航海を願う人びとの願いによって発達した天文学を、ケプラー、コペルニクス、ティコ・デ・ブラーエの伝記によって学びました。

……ルネッサンス期に、人びとは「天」と「地」と「人」（精神、物質、心）の概念の領域を広げた……という歴史観を持つエヴンス先生は、「天」を人びとの宇宙観の広がりとして捉え、それを天文学の発達の中に観ました。「地」を人間の生活範囲の広がりとして捉え、航海術の発達に伴って大海原に乗り出した人びとの様子を伝えました。こうして人類は、自らを取り巻く世界を広げることによって、心の空間を広げ、さらなる自由を求めていったのです。

素晴らしい授業の数々を、皆さまに詳しくお伝えできたら、どんなに嬉しいことでしょう！　残念ながら、紙面に余裕が無く、今それは叶《かな》えられません。けれど、いつか、どこかで、必ずお伝えしたいと考えています。

12歳、世界の法則が知りたい

12歳頃の子どもたちを観ていると、感情がますます深く、広く、高く、そして彩《いろど》りの多いものに成長していっていることが分かります。そして、それと共に、彼らの内で「知りたい」という欲求もますます強くなってきていることも分かります。彼らの興味の対象は、動物や植物の世界だけではなく、鉱物のような無機物の世界にまで広がろうとしています。それはとりもなおさず、子どもたちの内に思考する力が生まれ、育ち始めたからなのですね。思考する力……それはすなわち、物事の因果関係を認識する力です。「これはどうしてこうなったのか？」「これが原因だとすると、結果はどうなるのか？」「あれとこれはどういう関係なのか」……子どもたちの心の中には、このような問が次々と生まれてきます。わたしたちの務めは、彼らの問に答えている『世界』を示す」ことです。

「世界が答えを示している……わたしたちがそれを見る目と聞く耳、触る手、味わう舌、嗅《か》ぐ鼻さえ持っていれば……」ルドルフ・シュタイナーはこう言っています。

この年齢の子どもたちに、わたしたちは世界を二つの領域に分けて示すように、とシュタイナーは促しています。つまり、一つは、物理、化学、天文学の領域であり、もう一つは、歴史、地理、文学の領域です。そして、すべての領域において、「因果関係」を基本にして教えることが求められているのです。すべての授業が、真と美と善に満たされた、芸術そのものでなければならないことは言うまでもありません。そして、さらに大切なことは、わたしたち教師が正しい「世界観」を持っていることなのです。

シュタイナー学校で行われる、素晴しい授業の数々を、皆さまにお伝えできたら……と心から思います。特にすべての教科に深くつながる「地理」の授業を皆さまに体験していただけたら、と思います。ですが、またの楽しみにいたしましょう。ここでは「地理」の授業について、ルドルフ・シュタイナーが話したことを、皆さまへの新年のプレゼントとしてお贈りいたします。

「地理はその重要性において、他のどの科目も及びません。もし、わたしたちが、このことを本当に良く教育の中に取り入れるようになるなら、わたしたちは子どもたちを世界の中にしっかりと根付かせることができます。わたしたちは特に、子どもたちの内部に、世界に対する関心を育て上げなければならないのです。そして、その結果はいたるところに現れてきます。地理に理解をもって取り組む人は、そばに存在する者について学ばなかった人よりも、はるかに愛情深く周囲の人間に接することができます。彼は他の人と共に生きることを学びます。他の人に対して気を配ります。こうした事柄は道徳の育成に強く働きかけます。そして、地理を遠ざけることは、隣人愛への否定をしか意味しないでしょう」〔「自由への教育」（ヴァルドルフ学校国際連盟編）〕

シュタイナーによる人生の７年周期（5）

49歳から55歳まで

「人生の完成に向かって」

人生の半ばをすぎ、生まれる前にいた所、つまり、
精神の世界へ再び戻る道を辿り始めるあなた……。
物質的な生き方を続けていては
困難や苦しみ、寂しさから逃れられません。
「他者に帰依すること」をもう一度学びませんか？

49歳になり、いよいよ、わたしたちは人生を完成させるための準備の時を迎えました。新しい身体をまとい、精神の世界から地上に降り立って、すでに半世紀以上の時が流れたのです。

生まれてから35年の間、わたしたちは身体を持った人間として、ひたすら地上での生活を充実させようとし続け、物質の世界に浸《ひた》って生きてきました。そして、35歳になった時、わたしたちはもっとも深く地中に根を下ろし、もっとも強く物質に関わりました。けれど、人生の半ばに至り、それを境に、その後わたしたちは再び精神の世界に向かって上昇し始めました。それはとりもなおさず、物質的な生き方から、精神的な生き方に変わるということでした。

このブックレットを読んでくださっている方の多くが、30代の女の方だとうかがいました。が、きっと40代、50代の方もいらっしゃいますでしょう。いかがですか？　ルドルフ・シュタイナーが洞察したように、35歳を過ぎてから、あなたの人生に、あなたに精神的に生きることを促すような出来事がありましたか？　そして、その導きによって、あなたは精神的な生き方を始められたでしょうか？

「そんなことぜんぜん知らなかったわ。だから気が付くチャンスもなかった！」とおっしゃる方もいらっしゃいますでしょうね。今、あなたは苦しみや困難の中にいらっしゃいますか？　苦しみや悲しみがないまでも、生きていることがなんとはなしに虚《むな》しいと感じてはいませんか？　はっきりした目標を持たないまま、こんなふうに生きていってよいのだろうか、と思ってはいらっしゃいませんか？

もし、そうだとしたら、それは、あなたが今までと同じように、物質と深く関わるような生き方を続けているためなのですよ。今わたしたちは人生の半ばを過ぎ、生まれる前にいた所、つまり、精神の世界へ、再び戻る道を辿《たど》らなければなりません。それなのに、それに気が付かず、今までと同じように物質的な生き方を続けていることが、あなたの苦しみや困難、あるいは虚しさや寂しさを生み出しているのですよ。

今からでも遅くはありません。もし、あなたがあなたの人生を全うしたい、生きる目的を遂げたいと願うのでしたら、是非、わたしたちと一緒に、精神的な生き方を辿《たど》る道を探し、そして、その道を歩いて行きましょう。

今までも、何回か学びましたが、今一度ルドルフ・シュタイナーの洞察による宇宙進化論を思い出してください。

シュタイナーの洞察によりますと、世界のすべての始まりは熱でした。遠い遠い遙《はる》か昔、なにもない真っ暗闇の宇宙の中に熱が生まれた……それが世界の始まりだったということです。その熱の中には、すでに人間の萌芽《ほうが》がありました。その時、わたしたち人間は物質体だけの存在でした。それは旧土星紀のできごとでした。さらに永い年月が過ぎて、わたしたちを内に抱えたまま、その熱は宇宙の闇の中に姿を消しました。そして永い時が経って再び宇宙に熱が生まれ、その熱が凝縮《ぎょうしゅく》し、冷えて空気が生まれました。その時、わたしたちの身体・物質体に生命体が加えられました。それは、旧太陽期に起きたできごとでした。それから永い年月が経ち、それは宇宙の闇に消え、そして再び宇宙に顕《あらわ》れました。その時に水が生まれました。それは空気が冷えて固まったためにできたのでした。そして、人間には身体と生命体の他に、さらに感情体が加えられました。その時代を旧月期と呼びます。次にいよいよ地球期が訪れました。水がさらに冷えて固まり、その結果、とうとう個体が生まれたのです。それと同時に、人間には自我が備えられました。こうして地球期に至ってはじめて人間は、身体と生命体と感情体と、そして自我を具《そな》えた存在になったのです。

このような永い永いプロセスを経、その間、わたしたちは何度も何度も生まれ変わり、死に変わっては地上に戻ってきました。進化を遂げるために……。生まれ変わるたびに、わたしたちは進化を続けてきました。

今、人間は身体と生命体と感情体、そして自我を持つ存在となりましたが、この進化のプロセスはここで終わるのでしょうか？　いいえ、わたしたちはこの先もさらに進化し続けるのだとシュタイナーは言っています。

これからわたしたちが辿る進化の道は、「精神の進化」を目指す道だということを、皆さまとご一緒にこの通信講座で学びました。わたしたちはそれをさまざまな角度から、何度も確認しました。そして、「精神の進化」とは、「自分自身よりも他者を大切にし、その他者に帰依する」生き方によって成就される、ということをも認識しました。ルドルフ・シュタイナーは、それこそが、この地球期におけるわたしたち人間の「精神が進化する」ことの意味だと言うのです。

さて、２００１年という新しい時代のはじめにあたって、「他者に帰依《きえ》する生き方」とは、具体的にどんな生き方であるのか、皆さまとご一緒に考えたいと思います。

「自分よりも他者を大切にする」……とても分かり易い「ことば」ですね。「他者に帰依する」とは、自分自身を捨てて他者と一つになる、ということです。それはどんなことなのでしょう？　具体的に、わたしは何を、どうしたらいいのでしょうか？

……友人がわたしの助けを必要としていたら、たとえ大事な予定があっても、それをキャンセルして友人の求めに応じることですね。わたしが大切にしている物を他の人が必要としたら、それを差し出すことですね。みんなが嫌がる仕事を率先してすることですね。隣りに悲しみにくれる人がいたら、その悲しみを自分の悲しみとすることですね。世界の果てに飢えている子どもがいたら、自分の食べている物を差し出し、その子どものひもじさを自分も共に体験するということですね。

つまり、自分の持っているエネルギー、時間、力、お金、物、者、知恵、経験……それを必要としている他者がいたら、すべてを差し出すということが、「自分よりも他者を大切にし、他者に帰依する」生き方なのですね。

わたしが心から敬愛するマザー・テレサが、かつて言ったことばがあります……「あり余るあなたの時間やエネルギー、お金を差し出すことがボランティアではありません。自分が必要としているものを差し出すことが、本当のボランティアなのですよ」と……。

「他者に帰依」するとは、自分が要らなくなったものを差し出すのではなく、自分も必要としている、けれど、自分よりもっと必要としている人がいるから、それを差し出すということなのだと、わたしはマザー・テレサに示されました。

今、あなたは「他者に帰依する」生き方をなさっていますか？　それはたやすいことですか？　それとも大変なことですか。わたしにとって、今そうすることはとても難しいことです。「他者に帰依する」生き方をするために、今のわたしは強い意志と大変な克己《こっき》心を必要とします。なぜなのでしょうか？　わたしは心から「他者に帰依する」生き方をしたいと望んでいるのに、なぜそうできないのでしょう？　わたしがそうしようとする時、わたしの志を妨げるものは何なのでしょうか？

それは…感情…だと、わたしは考えるのです。わたしが「他者に帰依する」生き方をしたいと望む時、わたしにそうさせない力は、わたし自身の…感情…なのではないだろうか、とわたしは考えるのですよ。

たとえば、こんなことがあります。わたしはチョコパイが大好きです。1年に2、3回買って食べることを楽しみしています。が、わたしがチョコパイを買おうとして棚に手を伸ばすと、わたしの自我が囁《ささや》きます。「チョコパイを買う余裕があるのなら、そのお金をアフリカの飢えている子どもたちに送りなさい」と……。でも、わたしは聞こえない振りをしてチョコパイを買うことがあります。そうさせるのはわたしの…感情…です。「食べたい」という欲望、つまり、わたしの…感情…がそうさせるのです。

　また、こんなこともあります。「ひびきの村」の若いスタッフが、不手際をして困っている様子です。「早く行って、助けてあげなさい」と、わたしの自我が強く言っているのに、わたしはすぐに席を立ちません。「何度も、何度も同じ間違いをして……いやんなっちゃう！」と億劫《おっくう》がっている、わたしの…感情…のせいなのです。

「もう明日のメインレッスンの準備を始めないと……間に合わないわよ」と、わたしの自我がやきもきして諭《さと》しているのに、バッハのカノンをさっきから繰《く》り返し聞いていて、わたしはCDプレーヤーを止めようとしません。それは、気持ちのよい音楽をもっと楽しんでいたいというわたしの…感情…がさせていることなのです。

　わたしが「他者に帰依する」、「自分よりも他者を大切にする」生き方をしようとしながら、容易にできないのは、わたしの…感情…がそうすることを妨げているのだということが、お分かりいただけたでしょうか？　皆さまはいかがですか？　是非、お考えください。

　ここまで考えてきたことを、もう一度整理してみましょう。

　わたしたちは「精神の進化」を遂げるために、生まれてきました。今、地球期に在るわたしたちが「精神の進化」を遂げるために果たさなければならない課題は、「愛を完成させること」です。つまり、「愛を行うこと」「愛に生きること」ことです。それは、「自分自身よりも他者を大切にし、その他者に帰依することである」と、シュタイナーはわたしたちに示してくれました。わたしたちはそうすることを心から望んでいます。けれど、わたしたちはその課題を容易に遂げることができません。考えた末、わたしたちが「他者に帰依する」生き方をしようとするとき、それを妨げているのは、わたしたち自身の…感情…であるということが分かりました。

　ですから、もし、わたしたちが心の底から「精神の進化」を遂げたいと望むのであれば、考えなければならないことがあります。それは、「他者に帰依する」ことを妨げている…感情…に、わたしたち自身が働きかけることなのです。わたしたちが「他者に帰依する」生き方を、…感情…が邪魔しないよう、いえ、むしろ、…感情…が「他者に帰依する」生き方を促すように、わたしたちは…感情…に働きかけ、感情の在り方を変えることが必要なのです。

　さて、それはどのようにすれば、可能になるのでしょうか？

【生命体と身体をも貫くようになる】

　ルドルフ・シュタイナーは、わたしたちにこう示しているのですよ。……それは、わたしたちの自我が、感情体を貫くことによって成就される……と。

　この地球期に人間が獲得した自我が、わたしたちの感情体を貫く時、わたしたちは「他者に帰依する」ことができ、それがすなわち「愛に生きること」であり、それによって「精神の進化」を遂げることができるのだ、とシュタイナーは言うのです。それこそが、わたしたちの目指す「精神の進化」だと言うのです。……わたしたちの自我が、わたしたちの感情体を貫く……というのは、いったいどのようなことなのでしょう？……わたしたちの自我が、わたしたちの感情体を貫いたら……わたしたちはどのような状態になり、どのような存在に成るのでしょうか？

　ちょっと想像してみてください。それは……わたしの自我が、「いつも穏やかな、平和な気持でいよう。そして、だれにも平等な態度で接しよう。美しいものを創り、善なる行いをし、真なることばを話そう。そう生きよう」と心に決めます。すると、わたしは他者のどんなことばにも、行いにも迷わされず、世の中のどんな出来事にも妨げられずに、つまり、わたしの感情が揺ぐことなくいつでも、どんなところでも、だれといようとも、そのように在ることができるのです。それが、……自我が感情体を貫く……状態なのですね。

わたしの自我が、「わたしはわたしに向かって発せられるどんなことばにも揺《ゆ》らがず、いつも平常心でいよう」と決めます。すると、わたしは人のことばに傷つけられたと言っては憤《いきどお》り、悲しんで涙を流すことがなくなります。わたしの自我が「わたしは世界で起こるあらゆることに心を騒がせることなく、いつも世界の平和だけを祈り続けよう」と決めます。すると今迄わたしたちの心を騒がせ、暗く沈み込ませたさまざまな出来事に一喜一憂せず、ただただ静かに世界の平和を祈り続けることができるでしょう。

そうすれば、人の振る舞いが気に入らないと言っては気分を損《そこ》ね、世の中の仕組が理不尽だと言っては苛立《いらだ》ち、人の行いが不正義だと言って嘆《なげ》く、ということがなくなるでしょう。わたしの自我が決めたら、わたしの…感情…はそのような在り方をすることができるのです。そして、わたしたちはわたしたちの自我が決めたように、静かに、穏やかに、平和に、そして調和の内に暮らすことができるのです。わたしたちが決めさえすれば、わたしたちは愛する同胞と互いに慈《いつく》しみ、尊び、労《いたわ》り、慰めながら生きることができるのです。

もう、揺らぎ続ける…感情…に左右されることはありません。波立つ…感情…に邪魔されることもありません。うるさく騒ぐ…感情…に翻弄《ほんろう》されることもありません。そうです。わたしの…感情…の在り方を、わたしの自我が決めることができるのです。……自我が感情体を貫く……というのは、このようなことを言うのですね。

省みて、今、わたしはどのような状態にあるでしょうか？

わたしは今、心の内に湧いてくる…感情…をどのように対処するかということを、辛うじて決めることはできます。荒れ狂う…感情…をなだめ、怒りがそのままほとばしり出ることを、なんとかくい止めることはできます。さんざんに嘆く心を励まし、鼓《こ》舞《ぶ》することはできます。悲しみにくれる心を抱きしめ、涙を拭いて立ち上がることもできます。ですが、わたしは、わたしの内に突如として湧いてくる…感情…を選ぶことはできません。どのような…感情…

がわたしの内に生まれてくるのか、予測ができません。湧いてくる…感情…を押しとどめることはできません。

今わたしができることは、わたしの内に生まれた…感情…をどのように処理するか、…感情…をどのように対処するか、…感情…とどのように向き合うか……ということを決めることだけです。

けれど、それさえできないことが多々あります。考える余裕もなく、決めるいとまもなく、ただただ…感情…に翻弄《ほんろう》されてしまうことがあります。けれど、ありがたいことに、辛うじてできる時もあります。なんとか踏みとどまることができることもあります。それだけでも、わたしにとっては大きな進化なのだと感謝しています。

世の中には、それを何なくできるほどに進化している人がいることを知っています。けれどわたしにとっては大変な努力を必要とするのです。大変な忍耐と大きな克己心を必要とします。わたしは今、そういう段階にいます。そしてこれからも進化し続けてゆきたいと願っています。皆さまはどうですか？

この世に生まれてから55年の間、わたしは人生のその時期、その時期に必要な人に出会い、必要な所に行き、必要なことを学び、必要な体験をしてきました。そのすべてが……わたしの感情体を、わたしの自我が貫く……生き方をするための準備だったように思えます。そして、「精神の進化」を遂げる生き方ができるようになるためだったように思えるのです。

わたしはその歩みを、わたし自身の人生の中に見ることができます。わたし自身の成長の過程の中に見ることができます。そして、それはわたし一人だけの歩みではなく、地球の上に生きるすべての人の歩みでもあると考えています。「全人類の進化は、一人の人間の成長の過程の中で繰り返される」と言いますが、それはまた「一人の人間の歩みは、全人類の歩みでもある」ということでもあるでしょう。自分の来し方を振り返る時、そして今、子どもたちの姿を見る時、つくづくそれは本当だなと思います。

生まれてから3ヶ月ほど経った赤ん坊を見てください。目が覚めている間、彼らがすることといったら、お乳を飲むこと、排泄《はいせつ》をすること、眠ること、動くこと……です。それが、彼らのするすべてのことです。ですから、彼らの内に生まれる…感情…もこれら四つのことに起因しています。つまり、お腹が空くと、それを不快に感じて泣きます。そして、お乳を与えられ、お腹が満たされると心地よくなって手足をばたばた動かし、機嫌の良い声をあげます。オムツが濡《ぬ》れると、むずかり、泣きます。眠くなるとぐずります。手足を自由に動かすことができない時もぐずり、泣きます。暑過ぎたり寒過ぎるとぐずります。身体のどこかが痛むと泣きます。皆さまも経験なさったことでしょうね。

　つまり、赤ん坊の…感情…は不快であるか、快であるか、によって決まるのです。ただただ不快な時は反感を覚え、快い時には共感を覚えるのです。赤ん坊の…感情…はこのような在り方をしています。そこには自我の働きはまったく見られません。赤ん坊の内では自我がまだ育っていないので、自我が…感情…に働きかけることがないのです。

　これが、人間が生まれてすぐの状態です。つまり、赤ん坊は自分の生命を守るために極めて本能的な在り方をしているのですね。

　けれど、人間は成長するにつれて、本能が感情体に働きかけるだけでなく、精神の力、すなわち自我の働きが…感情…に及ぶようになります。

　思い出してください。小学校に入学すると、自分が望んでいないことであっても、子どもたちは約束を守ることができるようになります。お母さんにお使いを頼まれたら、遊びを中断してでも行くようになります。弟が欲しがって泣いたら、自分は我慢して、おもちゃを差し出すこともできるようになります。そうです。たとえ、自分の意に添わないことであっても、それが必要とされるのであれば、できるようになるのです。これは、子どもの内に自我が芽生え、その自我が…感情…に働きかけるようになるからなのですね。

　そして、成長を続けるうちに、子どものたちの内で自我はさらに強くしっかりしたものになり、自我はますます感情体に強く力を及ぼすようになります。

　そして、子どもたちは本能のままに振る舞うこと、快か不快によって行為すること、つまり、…感情…に左右されることが少なくなります。

ただ、それは人によっても違います。先ほども書きましたが、わたしの内で、自我の力が感情体に働きかけることができない場合があります。わたしの自我は「やめなさい」と言っているのに、わたしは嵩《たか》ぶる…感情…の波に翻弄《ほんろう》されて自我の働きを生かせず、…感情…のままに振る舞うことがままあります。わたしの自我が「それを言ってはいけません」と囁《ささや》いているのに、悔《くや》しさのあまり、わたしはひどいことばを口にしてしまうことがあります。「自分の都合を後回しにしても、彼女を助けてあげなさい」と、自我が示しているのに、わたしは知らない振りをして通り過ぎることがあります。わたしの喜びやわたしの欲望、わたしの快、不快が、つまりわたしの感情体が、自我の働きに貫かれることがない状態が往々にしてあります。今、わたしはそんな状態に在ります。

こうして、わたしは地球上に生きるすべての人たちと歩みを共にしながら、35歳まで「物質的な生き方を」続け、そしてそれ以降は「精神的に生きる」生き方へ方向を変えることを許され、……自我が感情体を貫く……生き方をしようとしてきました。そして、もうすぐ56歳を迎えようとしています。

わたしは35歳から42歳の人生の第6期に大きな困難に出会いました。そして、その困難の中で辛うじて「精神的な生き方」へ続く道を探し当てました。それは、ルドルフ・シュタイナーが洞察した世界観や人間観、つまり精神科学（人智学）を学ぶ道でした。その道は、わたしをルドルフ・シュタイナー・カレッジに導いてくれました。そして、42歳の夏、カレッジで学ぶ幸運を得て、ようやくわたしは「精神的な生き方」を遂げるための道を辿《たど》ることができるようになったのです。

42歳から49歳までの人生の第7期は、わたしにとって志を一にする同胞に出会い、彼らの生き方に倣《なら》い、彼らと共に生きた年月でした。それはとりもなおさず、真に「精神的な生き方」を始めた時でもありました。悲しいこと、辛いこと、困難なこと、悔《く》いることはありましたが、それもこれも、すべてはわたしが「精神的な生き方」を貫くための力を得るプロセスでした。また同時に多くの歓び、慰め、感動も体験しました。わたしはその日々に、ただただ感謝するばかりです。

こうして、人生の第7期に、精神的な生き方の礎《いしずえ》を築くことを許され、わたしは第8期を迎えました。

49歳、ルドルフ・シュタイナー・カレッジで始めた、日本人のための特別なプログラム「自然と芸術を学ぶ」はこの年、見事に花開きました。高い志を持った若者たちが、日本で築いたすべてのものを捨ててやってきました。そして、彼らは「精神的に生きる」道を歩み始めました。自分を捨て、人が、世界が必要としていることに応えようとしました。その姿と生き方に、わたしはどれほど大きな力と恵みを与えられたことでしょう。彼らとの出会いは、共に日本で使命を果たすために用意されたものでした。そして、彼らと共に「ひびき座」を結成して日本の各地を巡《めぐ》り、多くの方々にシュタイナー教育に触れていただく機会を持ちました。

50歳は試練の時でもありました。教師としてのわたしの資質が問われた年でもありました。わたしが確信を持って話すことも、行為することも、それを理解されない時には、ただの押しつけになるということを学びました。

「わたしたちには、人に応じて真理を語るという義務がある。わたしたちは、ほかの人が立っている真理の段階で、その人を支える必要があるということを明らかにしておかなくてはならない」（ルドルフ・シュタイナー著「神智学の門前にて」西川隆範訳・イザラ書房刊）というシュタイナーのことばをしみじみ噛《か》みしめた年でもありました。そして、全人類に先駆けて、世界に精神科学を示した、シュタイナーの勇気と、彼が経験したであろう多くの困難を想いました。

神戸で大地震が起こりました。その年はわたし自身も多くの死を体験しました。シュタイナー・カレッジで共に学んだ友人が亡くなりました。親しい友人の子どもが自死しました。彼は一郎の幼友達でもありました。そして、次郎が心から愛したハイディ・キャプリンが自動車事故で亡くなりました。その年の終わりには、また友人の息子さんがピストルで撃たれるという非業《ひごう》な亡くなり方をしました。

10月、知人が北海道の伊達市に、人智学共同体「ひびきの村」を創るための土地を見つけてくれました。「ひびきの村」は日本で初めてのルドルフ・シュタイナーの思想、人智学を基にした共同体です。長い間、わたしは日本にシュタイナー学校を創りたいと考えていました。シュタイナー教育は、子どもたちが真に人間として生きるための力を育てる教育であると確信していたからなのです。

シュタイナー学校で教える教師は、シュタイナーの思想を生きる人でなければなりません。なぜなら、シュタイナーの思想を生きている人間が実践する教育だからこそ、それはシュタイナー教育であり得るのです。教師がシュタイナーの思想を学び、それを生きることなくして、真のシュタイナー教育はあり得ません。

わたしはシュタイナー学校を始める前に、わたしたちがシュタイナーの思想を生きるための場所を創りたいと考えました。そして、生活のすべてをシュタイナーの思想で貫きたいと考えました。

土を耕して農業をする……それはシュタイナーが示した、太陽、月、星々の運行と共に行うバイオダイナミック農業に他なりません。わたしたちの生活を成り立たせるための経済活動を行う……それは、とりもなおさずシュタイナーの提唱する「経済の友愛」の考えに基づいたものです。幼児のための、子どもたちのための、そして大人のための教育活動……それは「精神の自由」に基づいて行われます。つまり、「ひびきの村」の活動のすべては、ルドルフ・シュタイナーが提唱した「社会三層構造」の考えを基に行い、それによってわたしたちはシュタイナーの思想を生きることができるのです。伊達市にその場所が用意され、わたしとわたしの仲間はその年、大いなる光と熱に包まれました。

わたしたちに農場を貸してくださったのは、農場の持ち主である永谷文《ながたにふみ》さんでした。1月、わたしは文さんとお目に掛かるために伊達に向かいました。サクラメントから飛行機と列車を乗り継いで24時間……北海道の大地は、疲れたわたしの身体を十分に癒す力を持っていました。

文さんの農場は伊達市の郊外の小高い丘の上にありました。……なだらかな美しい裾野が続く東山を背に、目の前には静かで穏やかな噴火湾が広がり、湾の向こうには駒ヶ岳がその優美な姿を見せています。西の空には有珠山が白い噴煙をたなびかせ、その隣りには荒々しい赤い山肌を見せている昭和新山があります。そして、その向こうには、蝦夷《えぞ》富士と呼ばれる羊蹄山《ようていざん》の凛《りん》とした潔《いさぎよ》い姿が雲の間から見え隠れしています。

……なんという力を持った大地なのだろう！　なんと恵まれた空なのだろう！　なんと清らかな水なのだろう。なんと激しい火なのだろう！　そこには祝福された大地と空と水と火のすべてがありました！　土と風と水と火……四つの要素のすべてを具えている、まぎれもなく約束された地でした。

農場の持ち主、永谷文さんは、見知らぬわたしの話に黙って耳を傾けてくださいました。そして、「あなた方のお役に立つのなら……」と、多くを訊《たず》ねることもなく、わたしたちが使うことを承諾してくださったのです。こうして、50歳…多くの死と再生を体験した歳が終わりました。

51歳。2月、長男の一郎が結婚しました。彼が出会ったパートナーは、シュタイナー幼稚園で教えていた、笑顔の美しい人でした。大勢の友人から、真心のこもった祝福を受けて、彼らは旅立ちました。

5月、夫の母が亡くなりました。危篤《きとく》の知らせを受けて、わたしはすぐ東京に戻り、1週間、意識を失った義母の傍らに居て祈り続けました。観音堂の扉が開き、まばゆい光に包まれた観音様が、義母を迎えに来た白昼夢を見ました。わたしは心ゆくまで二人だけの別れの時を過ごし、サクラメントに戻りました。

6月、次男の次郎がサクラメントのシュタイナー学校の高等部を卒業しました。彼のたっての希望で、彼は卒業式に羽織と袴《はかま》を着けて臨みました。その姿は、9年間を異国の文化の中にいた人とは思えないほど日本人そのものでした。

シュタイナー教育は、彼を自分の心で世界を感じ、自分の頭で考え、自分の手足を使って行為できる人間に育ててくれました。自由で、平等で、オープンな彼の在り方は、彼と関わりを持ったどんな人にも、光を感じさせないではおりません。「世界のどこにいようと、どんな人と暮らそうと、どんな仕事をしようと、ぼくはいつでもぼく自身でいられるよ。恐れることも、疑うことも、不安もないんだ。だから、ぼくはいつでもＯＫ！」……そう言って、彼は一人で旅立って行きました。

8月、わたしとわたしの仲間は、2回目の「ひびき座」の旅に出ました。旅の最終地は北海道の伊達市でした。そこでシュタイナー教育を学び続けていた方々が、迎えてくださいました。そして、後任が決まるまでシュタイナー・カレッジを離れられないわたしに代わって、仲間たち5人が、「ひびきの村」をスタートさせるために伊達市に残りました。

この年は、多くの終焉《しゅうえん》と出発を経験した年でした。

52歳。「ひびきの村」とシュタイナー・カレッジを行き来した日々でした。「ひびきの村」での仕事には、確かな手応えがありました。日本の状況はますます混迷を深めてゆくようでした。神戸市で中学生が小学5年生の男の子を危《あや》めました。彼がしたことは、日本中の人びとを震撼《しんかん》させました。「今こそ、子どもたちの力にならなければ！」と強く促す力によって、わたしたちは子どもたちが……お話を聞き、絵を描き、音を奏《かな》で、歌い、美しい物を創り、野で遊ぶ……ことのできる場所を創りました。

こうして、日本で仕事をするための足がかりが着々とできてゆきました。

9月、シュタイナー・カレッジで教える最後の年度を迎えました。

11月、キリスト者共同体の司祭になることを希望している人のための集中講座がシカゴで持たれました。いずれ英語圏で始められるであろうプログラムの試みでした。（それ以前はドイツ語だけで行われていたのです）それを聞いてわたしはシカゴに飛んでいきました。シュタイナー・カレッジで仕事を始めてから、自分のために仕事を休むのははじめてのことでした。

3週間、毎朝6時30分からの人間聖化式（ミサや礼拝に相応するもの）で始まる学びの日々は、わたしのアメリカ生活の素晴らしい締《し》めくくりとなりました。司祭になりたいという希望が今生《こんじょう》で叶《かな》えられることがなくとも、来世に希望を繋《つな》ぐことができました。これで思い残すことなく日本に帰ることができる、とわたしは心から感謝したのでした。

思い返せば、49歳の冬、わたしは長い逡巡《しゅんじゅん》の後に、ようやく日本に帰ることを決めたのでした。わたしは長い間その予感を持ち続けていました。それがわたしの使命であろうことも知っていました。いつかは帰ることになるであろうことも予測していました。それでも、生まれてはじめて真の意味で、わたし自身を生きることを許されたルドルフ・シュタイナー・カレッジを中心とする人智学共同体を去ると決めることは、大きな断念でありました。すべてを諦《あきら》めることでありました。築いたものを捨てることでもありました。共に人智学を生きるための仕事をしてきた仲間たちと別れることでもありました。

わたしにとってなによりも辛く、悲しく、忍びがたいことは、キリスト者共同体から離れることでした。日曜日には欠かさず与《さずか》っていた人間聖化式に出ることができなくなることでした。わたしが「精神の進化」を遂げるための大きな力となり、大きな慰めとなり、支えとなったキリスト者共同体を離れることでした。敬愛するサンフォード・ミラー司祭と毎週欠かさず続けていた、ヨハネ福音書の勉強を中断することでした。ようやくその時が来て、助祭を勤めることを許されたのに、それを続けることが叶わなくなることでした。共同体のためにいくらかの役を担《にな》い、力を尽くしていたのに、それができなくなることでした。

それでも、日本に帰り、人智学共同体を創ることがわたしの使命だということに、わたしは揺《ゆ》るぎない確信を持っていました。ただただ、わたしの感情が悲しみ、惜しみ、別れがたい思いに苦しんでいたのです。

53歳。2月、東京で講演会を兼ねた、シュタイナー・カレッジの説明会を開きました。この最後の会に、「ほんの木」出版社の柴田敬三氏がいらっしゃいました。「あなたのなかに、日本の教育を変える可能性が見えます」という彼のことばに心が動きました。柴田さんは、わたしに本を出版することを強く勧《すす》めてくださいました。

5月。柴田さんは「編集者として、大村さんが11年間暮らし、仕事をした場所を見ておきたい」とおっしゃって、サクラメントへお出でになりました。そして、わたしがカレッジでする最後の授業に立ち会ってくださいました。本物の編集者に出会えたことを感謝する日々でした。

7月、カレッジでの最後の日々に、同僚たちが教えるサマープログラムで学びました。日本に帰る前に、初心に戻って「人智学を生きる」意味を考えたという思いからでした。彼らの素晴らしい授業に心が震える日々を過ごしました。

教え子が3人、東京から、ニューヨークから飛んできてくれました。彼らに励まされ、慰められ、思い出話に興じながら、引っ越しの準備をしました。なんと、身に余る恵みでしょう！

8月。さまざまな思いを携えてサクラメントを後にしました。アメリカでの最後の夜は、主のいないサンフランシスコの次郎のアパートで過ごしました。星が美しい夜でした。ケーブルカーの車輪が軋（きし）む音が遠くから聞こえてきました。

「ひびきの村」では、仲間たちが大歓迎してくれました。翌々日から、「ひびきの村」ではじめてのサマープログラムが始まりました。

11月、マニラで行われた人智学会議に出席しました。ルドルフ・シュタイナーが提唱する「社会三層構造」を実践する人たちが世界各国から集まり、「未来を創る」ためにさまざまな話し合いがもたれました。「ひびきの村」は独りぼっちではない、世界には多くの先駆者がいる、その人たちの後を歩いてゆこう……という熱い思いが湧いてきました。そこには多くの新しい出会いが用意されていました。そして、古い友人たちに再び会うこともできました。マニラでも、続いて出席したバンコックでの会議でも、サクラメントで共に学び、共に仕事をした多くの友人たちと再会を喜び合いました。

54歳。「ひびきの村」を理解し、支えてくださる方が伊達市内にも、現れてきました。そして、さまざまな形でわたしたちを助けてくださるようになりました。その中のお一人が、伊達市の中心にあるご自身の持ちビルの2部屋を、無償で貸してくださいました。「ひびきの村」の事務局をそこに移してから、多くの人が集り、そして、多くの仕事が実現してゆきました。「ひびきの村」の可能性が次々と示された年でした。

2月。シュタイナー・カレッジで、「古事記」の集中講義をするためにサクラメントに向かいました。教え子たちとの再会、友人たちとの再会……懐かしく楽しい日々ではありましたが、また同時に「ここは、もうわたしの場所ではない」と痛いほど感じる日々でもありました。そして、心を強く占める事柄と、心を結ぶ友人と、心に残る場所と、思い出深い日々とに、わたしは潔《いさぎよ》く決別することができました。ありがたいことです。

その帰途、サンフランシスコの大学で勉強していた次郎と再会しました。ゴールデンゲートブリッジを見下ろす丘の上で、互いの夢を話し合いました。そして「いつか、二人の夢が出会うことがあったら、一緒に仕事をしようね」と約束して別れました。

3月。単行本「わたしの話を聞いてくれますか」が出版されました。わたしが歩んできた54年間の総まとめができました。まことにありがたいことです。

4月。「シュタイナーいずみの学校」の土曜日クラスが始められました。「子どもに、少しでもより良い教育を……」と願う母親の呼びかけがきっかけでした。開校式の朝、わたしは晴れた青空の高みからそそがれる一筋の光を見ました。遙《はる》か昔から約束されていた力が「ひびきの村」に、そして「シュタイナーいずみの学校」に届けられたのでした。

6月。わたしの日本での仕事の核となると予想される「シュタイナー教育に学ぶ通信講座」が始まりました。チリとアメリカから若い男女が「ひびきの村」のスタッフとして加わりました。バイオダイナミック農業を学んだガスパー・ガブレラは農場で、エイミー・トレフリーは「いずみの学校」で、精力的に仕事を始めました。

9月。3ヶ月間の集中講座「自然と芸術と人智学を学ぶ」プログラム（ＮＡＡ）が始められました。それは、「ひびきの村」のスタッフの念願でもありました。彼らは、かつて彼らに「精神的な生き方」を示し、「精神的に生きる」ように促してくれた、シュタイナー・カレッジの「自然と芸術を学ぶ」プログラムと同じ内容のものを、いつか日本で始めたいと願っていたのです。そんな彼らの熱い思いから実現したのでした。そして、多くの人がこのプログラムを通じて「精神的に生きる」道を探し当てることができるようにと、願ったのでした。

10月。全日制のシュタイナー学校が始められました。生徒は長野県から引っ越してきた4年生の奥田茜《あかね》ちゃんと6年生の奥田武史君、二人でした。わたしは二人の担任となりました。わたしのこれまでの54年の生涯のすべてがこの日のためにあったことを、深く深く感謝したのでした。

11月。ニューヨークからレオポルド一家がやって来ました。サム、ナンシー、ニコの親子です。人智学共同体フェローシップで12年間働いた経験を、生まれたばかりの「ひびきの村」で生かしたいと考え、彼ら自身の強い意志で飛んで来てくれたのでした。

2月。次郎がパートナーと一緒に日本に帰ってきました。彼女はかつてシュタイナー・カレッジで学んだわたしの教え子でもありました。二人は「ひびきの村」で仕事をし、家庭を持ち、子どもを育てようと決めたのでした。

55歳。5月、生まれてから4年が経とうとする「ひびきの村」に危機が訪れました。4年の間に多くの人が、さまざまな思いを抱えて「ひびきの村」にやってきました。一人ひとりの存在は尊いはずなのに、日に日に「ひびきの村」の精神が脆弱《ぜいじゃく》になってゆくのを、わたしは感じていました。「ひびきの村」を始める前に、わたしたちが確認し合ったことがあります。それは……

・「ひびきの村」のスタッフとして仕事をする者は、「精神の進化」を遂げようと志す者であること。

・「ひびきの村」で仕事をする者は、「精神の進化」を、ルドルフ・シュタイナーの思想、すなわち人智学を基に行うよう努力すること。

・「ひびきの村」で行うすべてのことは、「精神の進化」を遂げるためのものであること。

でした。

それを確認しあってから今すでに4年が経とうとしている時、「ひびきの村」で暮らすわたしたち一人ひとりの内で、「精神の進化を遂げる」という志が、日々の仕事の中で忘れ去られてしまった、ように思えました。そして、わたしは固い決意を持ってスタッフと話し合おうと決めたのです。

……「ひびきの村」でスタッフとして暮らすわたしたちが目指すことは「精神の進化」であるということを、もう一度確認するために集っていただきました。「ひびきの村」で成されるすべての仕事は、わたしたち自身の、そして地球上に暮らすすべての人の「精神の進化」のために行われます。つまり、「ひびきの村」で暮らし、仕事をするわたしたちスタッフが話すすべてのことば、わたしたちが抱くありとあらゆる考え、思い、そして、わたしたちのどのような行為も、「精神の進化を遂げる」ためのものでなければなりません。

今、わたしたちは進化の過程に在ります。そして、だれもが完成された人間の在り方から遙《はる》かに遠い存在であります。ですから、わたしたちが「すべては精神の進化のために……」と決意しても、そうできないことがあります。いいえむしろできないことのほうが多いでしょう。だからこそ、わたしたちは決意しなければなりません。決意すれば、いつかそれを遂げることができることが約束されます。けれど、決意しなければ、これから先、どれほど時が過ぎても、わたしたちは進化することができません。

ですから、わたしたちは決意する必要があります。今、決意するように強く促されています。

決意するとどういうことが起きるか……皆さんには明らかでしょう。決意するとわたしたちが話す一言一言に、わたしたちが持つすべての思いと考えに、そして、わたしたちが成すすべての行為に対して、わたしたちは明らかな認識を持つことができるようになります。そして、わたしたちのことば、思い、考え、行為が「精神の進化」を促すものであるか、そうでないか、が明らかにされるのです。

決意すれば、自分のことば、思い、考え、行為が「精神の進化」を促すものであるか、そうでないか、ということを認識することができます。決意すると、

「ああ、わたしが今話したことばは、『精神の進化』を妨げるものだった。次からは『精神の進化』を促すことばを話そう」……そう考えることができるのです。決意したら、そう「できない」自分を認識することができます。

　決めなければわたしたちは認識できません。一瞬一瞬がただ過ぎ去るだけです。できるかできないか、ということが問題ではないのです。

「いつもいつもそんなこと意識しながら暮らすのはしんどい」と思う人もいるでしょう。その人は、決意できる日を待ったらよいと思います。心から願っていたら、いつかその日が訪れます。ですから、今はスタッフであることを止めて、決めることができる日を待っていてください。今あなたが辛いと感じるのであれば、待ったらよいのです。

　決して無理することはありません。決意できないからといって、決意しないからといって、その人が劣っているとか、駄目だとか、遅れているということではないのです。その人にとっては「今がその時」ではないということでしょう。どうぞ、真摯《しんし》にご自分に向き合ってください。あなたの内なる声に耳を傾けてください。そして、1週間後にまた、話し合いましょう……

　その日から1週間、スタッフのみんなが、決意するかしないかを、自分自身に問い続けました。決意するために、大きな勇気を必要とする人もいました。最後まで逡巡《しゅんじゅん》していた人もいました。何のためらいもなく決めた人もいました。決められなくて、スタッフを退《しりぞ》こうと考えた人もいました。けれど、彼女は会が始まり、発言するその瞬間に決めることができました。

　こうして、6月、18人のスタッフ全員が再び決意し、新たに「ひびきの村」で仕事を始めたのです。それは、「ひびきの村」にとって実に大きな岐路でありました。わたしたちは精神界の大いなる力に助けられて、この岐路に在って、正しい道を選ぶことができました。このことは、……どんな危機に在っても、高次の自我の導きに従って本質を生きようとすれば、必ずそれを乗りこえることができる……ということを、わたしに示してくれました。

今、わたしは「ひびきの村」で行われていることのすべてに確信を持っています。「ひびきの村」で働くスタッフに絶対的な信頼を寄せています。たとえわたしたちが間違うことがあっても、誤った判断を下しても、必ずそれを正す力が「ひびきの村」に働いていることを確信しています。まことに、まことにありがたいことです。

49歳から56歳という、人生の第7期を終えようとする今、わたしの使命の一つであった「ひびきの村」の土台造りが完成しようとしています。「ひびきの村」の歴史は、人生の第7年期のわたし自身の歴史でもあります。そしてまた、「ひびきの村」の歩みは、関わってきたすべての人の、それぞれの歩みでもあるのです。

「42歳から49歳の人生の第6期に、新たな課題を見いだすことで、次の第7期、49歳から56歳までの生き方が大きく異なる」というシュタイナーのことばのとおり、ありがたいことにわたしは大きな恵みに与《あずか》り、「人智学を学び、それを実践する」という課題を見い出すことができました。そして、第7期には、さらにその課題を発展させ、念願であった、「日本でシュタイナー学校を創る」、「人智学共同体を創る」ことに着手することができました。

オランダ人はこの時期を、「アブラハムを見いだす」と言い表すそうです。つまり、自分の個人的な思いや願いを捨てて、世の中に必要とされることをする時であり、そうすることによって、その人自身が狭い世界観や人間観から解き放たれて、もっともっと自由になることができる時だという意味なのでしょう。

また、シュタイナーはこうも言っています。

「この時期に、わたしたちはわたしたちの人生のうちの何を変えることが可能であるか、そして、変わり得ないものは何か、ということをはっきり認識する必要がある」と……。

今わたしたちは人生の最終ゴールを目指す地点にたどり着きました。わたしたちがそう望みさえすれば、あらゆるしがらみから解放されて、わたしたちの前に新たな視野が開けます。些細《ささい》なことに対するこだわりも無くなり、わたしたちの目には本当に大切なことだけが見えてきます。そして本質だけを生きることができるようになります。そうすることによって、新たな想像力も、創造力も生まれます。寛大になり、若い人たちの力になりたいと願います。そして、彼らの前を歩き、導くことができます。

　また、この時期は7歳から14歳の照り返しの時期でもあります。7歳から14歳の子どもが成長するためには、リズムを大切にすることが必要だったように、わたしたちも新しい生活のリズムをつくり出さなければなりません。もし、それができないと、心臓や肺の疾患に襲われることがあると言います。なぜなら、この時期には、わたしたちの胸の力が衰えてゆくからです。

　さて、30代の皆さま、皆さまにとって50代はまだまだ先のことのように思えますでしょうねえ。そして、ここに書かれていることが非現実的に思われるかも知れませんねえ。わたしにはそんな皆さまが、とても羨《うらや》ましく思われるのですよ。人生の実りの時の20年も前に、シュタイナーの思想に出会い、「精神的な生き方」をしよう、とされているのですから……。そんな皆さまを想う時、わたしは皆さまに、ただただ畏敬《いけい》の念を感ぜずにはおられません。

　２００１年、人類が大きな変革を遂げようとしている今この時、皆さまは社会の中心に在って、それを促す力になっておられるのですね。皆さまの存在に、皆さまの力に、皆さまの愛に、心からの畏敬の念を捧げます。ただただ、皆さまの尊い姿が、わたしに書き続ける力を与えてくださっていることに、心から感謝いたします。これからも共に学び続けましょう。

ありがとうございました。

　最後に大切なことをお伝えします。

「自我が感情体を貫くと、わたしたちは自己中心的な在り方をしなくなります。生命体が自我に貫かれると、わたしたちは嘘《うそ》や誤りを犯さなくなります。そして、肉体が自我に貫かれると、わたしたちは病気もせず死ぬこともなくなるのです」

ルドルフ・シュタイナー

農場裏手より、納屋と旧牛舎。
リムナタラ農場の冬の仕事が行われている。

農場に、一面の雪が…。春を待っている。

正面、有珠山と右に昭和新山。

わたし自身を知るための６つのエクスサイズ（５）

先入観をすてて世界と向き合う

**世界に心を開くことができたら、
私たちは、その背後にある「精神」の力を
認識することができるようになるでしょう。
21世紀のスタートを
その一歩を踏み出す時にしたい……と思いませんか？**

２００１年、新しいミレニアムに入って、わたしたちが初めて行うエクスサイズは、「先入観を捨てて世界と向き合う」です。なんとタイムリーなことでしょう！

先の１０００年間、人類はひたすら物質の進化とその発展を遂げてきました。そしてその結果、空を飛びたいという人類の夢が叶《かな》えられ、わたしたちは月にさえ飛んで行けるようになりました。また、地球上のあらゆる所で暮らす人と素速く交信することができるようにと、宇宙ステーションも造られました、それによって気象の変化もいち早く知ることができるようになりました。今、わたしたちの頭上には数え切れないほどの人工衛星が、さまざまな役割を担いながら飛び交っています。

また、気候や天候を変えることはできないまでも、わたしたちはわたしたちが暮らす建物の中の温度や湿度を、常に心地よいものに保つことができるようになりました。そのことによって、わたしたちは冬は寒すぎず、夏は暑すぎもしない快適な生活環境を手に入れることができました。

また、より速く、もっと速く、さらに速く、という人類の飽くなき欲望が叶えられ、わたしたちは今、音速よりも速く移動することさえできます。その上、居ながらにして遠くにいる人とも話ができ、世界の果てで起きているできごとをも瞬時のうちに知ることができるようになりました。しかもその映像を伴って……。

今や人類は、神の領域であると考えられていた人間の生命さえも、ついに自由自在に操作できるまでになったのです。クローン人間と呼ばれる存在は、今世界のどこかにきっといるに違いありません。わたしたちの都合で、男女を生み分けることができることも、そう遠い日のことではなさそうです。

どんな劣悪な環境をも快適なものに変えることができたら、わたしたちはどんなに幸せだろうと夢見てきました。遠くにいる人と好きな時にいつでもことばを交わすことができたら、わたしたちの友情は永久に保てるだろうと考えていました。湿度や温度をほど良く調整することができたら、わたしたちはより健康に暮らせるだろうと思っていました。世界中の美味珍味を口にすることができたら、わたしたちは満足できると信じていました。

お金さえあれば欲しい物を手に入れることができ、地球上のどこにでも行くことができる、そして、どんな人とも友達になることができ、楽しい人生を過ごすことができるだろうと、わたしたちは思い描いていたのです。…そう、わたしたちは欲しいと願っていた殆《ほとん》どのものを今、手に入れることができました。

人類が長い間欲してきた多くのことが、今、成就《じょうじゅ》されました。長い間望み、憧《あこが》れてきた多くのものをわたしたちは手に入れることができました。これほど多くの素晴らしいものに囲まれて暮らしているわたしたちはなんと幸せなのでしょう！

でも、どこからか聞こえてくるのです。……わたしたちは本当に幸せなの？　このまま、この道を進んで行っていいの？　この新しい１０００年にも、わたしたちはこのまま物質の進化と発展を望むの？　これ以上、物質文明を発展させようとしているの？　本気で？……あなたにはこの声が聞こえてきますか？

今、わたしたちの周囲でさまざまなことが起きています。わたしは、その多くの出来事が、わたしたちが真に幸せではないということを示しているような気がしてなりません。

大きくて美しく、その上快適な家で暮らし、自分専用の部屋さえ与えられているのに、子どもたちはちっとも幸せには見えません。休暇には家族そろって外国にまで旅しているのに、子どもたちは少しも楽しそうではありません。生まれてからこの方、ひもじい思いなどしたことがなく、好きなものを、好きなだけ食べることができるのに、そのことを感謝している子どもを見かけることが少ないのです。

子どもたちは長い間座っていられません。人の話に静かに耳を傾けることができません。友達に優しいことばをかけることができません。お年寄りに心を寄せることができません。いつも大きな声で怒鳴《どな》るように話します。友達を叩《たた》きます、蹴《け》ります、罵《ののし》ります。

子どもたちだけではありません。若者はいつも苛《いら》立《だ》ち、不安で、不安定で落ち着きません。そのあげくに人を蹴《け》り、殴《なぐ》り、叩いて傷つけます。彼らに手本を示すべき大人のわたしたちは、始終仕事に追い立てられて、急ぎ、焦り、憤っています。そして、人を嘲《あざけ》り、人を侮《あなど》り、人を羨《うらや》みます。することのないお年寄りは日がなテレビを見て過ごし、カラオケで歌い、ゲートボールに興じています。

こんなわたしたちは本当に幸せなのでしょうか？ 子どもたちは世界を信頼しているでしょうか？ 若者は未来に希望を持っているでしょうか？ わたしたち大人は今、すべきことをしていると確信できるでしょうか？ お年寄りは幸せな人生だったと満足しているでしょうか？ 世界中の人が「なんて世界は美しいんだろう！」「世界はなんて素晴らしいんだろう！」と思っているでしょうか？

こんなに素晴らしいものに囲まれ、快適な家に住み、おいしいものを食べ、豪華な衣服を身につけ、好きなことができるのに、わたしたちは幸せだと感じていないのです。なぜでしょう？ 心地良い環境だけでは駄目なのでしょうか？ 快適な生活だけでは満足できないのでしょうか？　おいしいものを食べても幸せにはなれないのでしょうか？

今、多くの人が、「こんなはずではなかったのに……」と戸惑っています。「わたしはなぜ幸せじゃないんだろ？」と訝《いぶか》しく思っています。「望んでいたものをようやく手に入れることができたのに……と困惑しています。そして、「こんな生活を続けていていいの？」とさえ思い始めています。「こんな生き方をわたしたちは求めていたのではない」と感じています。「こんなことが生きる目的ではなかったはずだ」と気づいています。そして、新しい生き方を探そうとしています。

そうです！　物質の豊かさだけでは、わたしたちは幸せになれないのだということを、今、多くの人が気付き始めてたのですね。そして、新しい生き方を求めているのですね。

物質の豊かさが人を幸せにすることができないのなら、いったい、何によってわたしたちは幸せになることができるのでしょうか？　何がわたしたちを幸せにしてくれるのでしょう？　いったいわたしたちは何に幸せを感じることができるのでしょうか？

今、わたしたちは問いを控えながら大きな岐路に立っています。全身全霊を以て考え、その答えを見つけなければなりません。幸せを物質に求められないのであるなら、それ以外のものの中に幸せを見い出ださなければなりません。

……わたしたちを幸せにする物質以外のもの……それは「精神」です。今こそ、「精神」の中にその答えを見い出す時だと、わたしは確信するのです。皆さまとご一緒に、シュタイナーが洞察した人間観を基にして考えたいと思います。まずはじめに、わたしたち人間には、何が具えられているかを考えてみましょう。

……わたしたちは「身体」を持っています。「身体」が心地よく感じるためには「着る」ことが必要です。「食べる」ことが必要です。「住む」場所も必要です。つまり、「着る物」と「食べる物」と「住む場所」があれば、わたしたちの「身体」は満ち足ります。そして、それらが豊かであればあるほど、わたしたちはより幸せだと感じるのです。そして、今、日本で暮らす殆《ほとん》どの人が「衣」「食」「住」に不自由していません。ありがたいことです。本当に感謝です。

けれど、それにもかかわらず、多くの人が「幸せだ」と感じてはいません。「身体」は必要以上の多くのものに恵まれ、それを感謝しながら、それでもわたしたちは満足できないのです。

このことはいったい何を示しているのでしょうか？　わたしたちは物を豊富に持ち、「身体」が満ち足りただけでは幸せになれないのですね。どれほど豊かなものに囲まれて暮らしていても、それだけでは幸せになれないのですね。

では、どうしたらわたしたちは幸せになれるのでしょうか？　どのような状態に在《あ》ったら幸せだと感じられるのでしょうか？　幸せになるために、「身体」が必要とする物の他に、わたしたちは何を必要としているのでしょうか？

わたしたちは「身体」の他に「心」を持っています。美しいもの、便利なもの、心地よいもの、おいしいものはわたしたちの「身体」を満足させてくれますが、同時に「心」をも慰め、癒し、歓《よろこ》ばせてくれます。

わたしたちは危険から「身体」を守るために、そして、「身体」を寒さや暑さ、雨風に晒《さら》さないために衣服を身につけます。「身体」が守られればわたしたちは満足するでしょうか？　温かければ、どんな衣服でもかまわないでしょうか？　いいえ、そうではありませんね。衣服の素材が肌ざわりの良いものでないと、不快だと感じます。色が美しくないと、悲しくなります。形が悪ければ直そうとします。身体を晒《さら》さないというだけの衣服ではわたしたちは満足しません。

わたしたちは生命を永らえるために物を食べます。「身体」はそれで満足するはずです。

でもわたしたちは、口に入れたものが味が薄いと言っては不服を唱《とな》え、味が好みに合わないと「まずい」と言って顔をしかめます。辛過ぎると言っては吐き出し、甘過ぎれば食べ残します。「柔らかい」「固い」「ぼそぼそしている」「びちゃびちゃしている」「筋っぽい」と言っては、気に入るような味にしようと試みます。「身体」は食べものを口に入れ、それを生きるエネルギーに変えることができるだけで満足しているのに……。

わたしたちに不平を言わせているのはいったい「何」なのでしょう？　わたしたちの内の「何」が満足しないのでしょう？　そうですね、わたしたちの「心」が満足しないのですね。そうしてわたしたちは不満を漏《も》らし、不平を唱《とな》え、文句を言い続けるのですね。

わたしたちが幸せになるためには、このような在り方をしている「心」を変える必要があるということが、お分かりになりましたか？　わたしの心のこのような在り方を変えたいと、わたしは今痛切に願っています。

さて、このような「心」の在り方を変えたいと望むのは、わたしの内の「何」なのでしょう？　「いくらものが豊かになっても、わたしはわたし自身の『心』の在りようによって、幸せにもなり、不幸せにもなる。だから、『心』の在りようを変えなければ……」とわたしに考えさせる力は「何」なのでしょう？

覚えていらっしゃるでしょうか？　わたしたち人間には「身体」と「心」の他に、「精神」が具えられているということを……。そうです、わたしたちの内に在る「精神」が、このようなわたしたちの「心」の在り方を諫《いさ》めてくれるのです。

わたしたちがもし、「心」の在りようを変えたい、「心」の在りようを変えて、どんな時にも、どんな所にいても、どんな人といても、どんな衣服を身につけていても、どんなものを口にしてもそれを幸せと感じ、感謝できるようになりたい、と願うのであれば、わたしたちはわたしたちの「精神」が囁《ささや》くことばを聞かなければなりません。

わたしたちの「精神」はいつでもここに在ります。わたしたちがどこにいても、どんな状況に在っても、どんな人と一緒にいる時も、何をしていても、わたしたちの「精神」はわたしたちの内に在って、「真理」を示しています。ただ、それを「聞き」、「観《み》」、「触り」、「嗅《か》ぎ」、「感じる」力がありさえすれば、いつでもわたしたちは「精神」の力の働きを知ることができます。そうです。わたしたちは「精神」の存在を認識しなければなりません。

「精神」の声に耳を傾けることを邪魔するわたしたちの内に在る力……それは「何」なのでしょうか？……たくさんありますが……、その一つは、わたしたちの内にある「先入観」だと、シュタイナーは言っています。

「精神」の声がわたしたちに届かないのは、この「先入観」が邪魔しているためだと、シュタイナーは言うのです。なぜなら、「精神」が囁《ささや》くことばは、時として、わたしたちには思いもかけないこと、わたしたちには考えられないこと、わたしたちには予想もできないことがあるからなのです。そして、その時、「先入観」は、その「精神」の声を無視し、斥《しりぞ》けるのです。

　わたしたちが今まで蓄《たくわ》えてきた「知識」や「常識」「習慣」「経験」、また「通説」や「良識」と呼ばれているものは、すべてが物質の世界のことです。物質そのものです。その物質的なこと、物質そのものが、わたしたちの「先入観」となり、「精神」がわたしたちに働きかけることを妨げているのです。

「先入観」はわたしたちに、「そんなことはない」「そんなことは信じられない」「そんな人がいるわけはない」「そんなものがあるはずがない」と思わせます。自分が知らないこと、自分が経験したことのないもの、自分が観たことも聞いたこともないもの、自分とは違う考え、自分とは違う行い、ことば……そのすべてを「先入観」は認めようとしません。すべてを否定します。

　先入観に囚《とら》われて、世界で起きるどんな出来事にも、世界中のどんな人のどんな生き方にも、どんな考え方にも、どんな物にも、わしたちが心を閉ざしていたら、どうして目に見えない、手に触れない、聞こえない、匂《にお》いも嗅《か》げない「精神」の力を感じることができるでしょう。「精神」が囁《ささや》くことばを聞くことができるでしょう。「精神」の導きに従うことができるでしょう。

先入観を捨てて世界と向き合う

「精神」の力を感じるために、「精神」が囁くことばを聞くために、「先入観をすてて世界と向き合う」練習をいたしましょう。そして、わたしたちの具えられた12の感覚では知覚することのできない「精神」の力を認識することができるようにしたいものです。それが可能になった時、わたしたちはわたしたちの内で働く「精神」の力を感じ、「精神」が諭《さと》すことに従い、「精神」が促すことを成し、「精神」が示す道を歩くことができるにちがいありません。

　今日から始めるエクスサイズは、ことばを変えれば、わたしたちの「心」の在りようを変える試みです。わたしたちの「心」の在り方を、わたしたちの「精神」の力によって変えようとする試みなのです。

　２００１年を迎えて、多くの人が物質の豊かさに幸せを求めるのではない、新しい生き方を求めています。「先入観を捨てて、世界と出会う」エクスサイズは、まさに、わたしたちの「心」の在り方を「精神」の力によって変え、わたしたちが「精神」の導きに従って生きる……、新しい生き方……を始めるための力を養うエクスサイズなのです。

　さあ、昨日までのわたしたちの「心」の在りようを変えるために、そして、「精神」の声に促《うなが》されて新しく生きるために、エクスサイズをご一緒に始めましょう。

　これまでも繰り返し話してきましたが、ルドルフ・シュタイナーの示す生き方は、物質の背後にある「精神」の力を感じ「精神」の働きを観、それに従って生きる生き方です。もし、皆さまが今まで、「物質がすべて」と考えていらしたのでしたら、その考え方を大きく変革するよう迫られることになりますね。それは今までとは１８０度転換した世界観を身につけるということなのです。

　この混迷の時代に在って、ルドルフ・シュタイナーに出会えたことは、実に幸せなことだと、わたしは心から感謝しています。今までもたびたび話してきましたように、彼は、「物質文明は頂点を極めた。今こそ、わたしたちは精神文明を目指す時である。そして精神の進化を遂げる時なのだ」と言っています。シュタイナーの言を待たずとも、今多くの人がそう感じているのではないでしょうか？

　そうです！　わたしたちは物質に依《よ》らない、物質の豊かさに幸せを求めるのではない、新しい生き方を求めているのです。物質がもたらす恵みだけに依らず、わたしたちは「精神の進化」を遂げたいと望んでいるのです。「精神」の導きによる幸せをわたしたちは確信し、それを目指し、実践し、それを遂げようとしているのです。そのために、今、わたしたちはこの講座を通じて共に学んでいるのですね。

エクスサイズ　5

朝、目が覚めた時に、決めて下さい。

「今日は幼稚園の父母会があるわ。あーあ、気が重いなあ。いつでも、クラス役員の容子さんが仕切って、彼女の思うように進めてしまうから……。どうせ今日もそうなるでしょう」

決してそんなふうに考えないで！　それが「先入観」というものですよ。今日からあなたが持っている「先入観」を捨てる、と決めてください。まず、そういう考えがあなたの心に湧いてきたら、それを強く認識することです。ごまかさないで、目をつぶらないで、知らんぷりしないで！

「そうね、本当！　これはわたしの先入観だわ。今日の父母会も、今までと同じように容子さんに仕切られるかもしれない。でも、変わる可能性だってあるんだわ」と考えてください。

出かける時間がきました。玄関を出る前にもう一度、同じことを考えてください。「これはわたしの先入観、変わることだってあるんだわ！」いいですか？　これが先入観を退治するおまじないですよ。

幼稚園に着きました。教室に入ります。久しぶりに会う方々と挨拶を交わしましたね？　そろそろ、席に着きましょうか。

容子さんがいつものようににこやかな様子で話し始めました。おっと！「いつものように」というのは先入観ですね。あなたの胸にまた、同じ「思い」が湧いてきましたね。その事実を認めましょうね。それは悪いことでも何でもありません。ただの事実なのです。経験によって積み上げられた、あなたの「先入観」なのです。さあ、その「思い」をあなたの胸から追い出しましょう。おまじない！おまじない！　そうです。そして心を空っぽにしてください。

会が進行し始めました。相変わらず話をするのは容子さんばかりですか？　おっと！　わたしまで「相変わらず」なんて言ってしまいました！　おまじないを言わなければならないのはこのわたしですね。すべてが彼女のペースで進められていますね。あなたの胸の中で、「やっぱり！」「まただわ……」「ほら、前と同じだわ」と呟《つぶや》いている小さな声が聞こえますよ。ごまかしてもダメ、ダメ！　さあ、その事実を認めましょう。決してあなたを責めているんじゃありませんよ！　その「思い」を消して心を真っ白にしてください。そして、また「思った」ら消すのです。何度でも繰《く》り返し繰り返し、その「思い」を消し、そして心を空っぽにして、また容子さんに向き合うのです。会が長く続き疲れたら……勿論、止めて構いません。無理せず、今日はこのくらいで止めておきましょう。はじめてにしては上出来です！

それから、あなたはお隣の佐知子ちゃんのお母さんが、いつでも大げさな物言いをしていやだな、と思っていますね。「その上、彼女の言っていることの半分は、彼女の想像なんですもの」……あなたの声が聞こえるようです。わたしの仲間にもいますよ！「そんなこと……本当かしら？」と思って聞いていると、案の定、半分以上が彼女の想像したことだった、ということが、よくあります。

そこで、わたしは考えました。彼女にこのエクスサイズのパートナーになってもらおうと……。勿論、彼女には内緒です！　彼女がおおげさに顔をしかめ、おおげさなことばを使って話を始めると、わたしは「またか……」と思います。で、その時、わたしの精神が囁《ささや》くのです。「心を開いて！　先入観をすてて！」と……。そうだった、練習、練習！、と思い直し、わたしの心に湧いてきた「またか！」という思いをうち消して、わたしは身体をまっすぐに彼女の方に向け、彼女と視線を合わせて彼女の話を聞く努力をします。

わたしには、人とはじめてお会いする機会が多くあります。さまざまな場所で話をさせていただく機会が与えられます。そして、主催してくださる方々や、個人的に会いたいとおっしゃる方々とお話します。「ひびきの村」にも毎日、人が訪ねておいでです。「人を見る目がない」と自他共に認めているわたしでも、顔立ち、体格、姿勢、表情、声の質、話の仕方などで、「どんな方なのか」「どんなことを話したいのか」「今、どんな気持でいらっしゃるのか」というくらいのことは分かります。けれど、あれもこれも、すべてはわたしの経験や知識による先入観なのですね。ですから、わたしは人とお会いする時には、心に立ちのぼってくるさまざまな「思い」をうち消そうと努めます。はじめてお目に掛《か》かる方は勿論、親しい人と話をする時にも、どんな時にも、です。

そうそう、小さな子どもの話を聞くことも、「先入観をすてる」ためのとても良い練習になりますよ。なぜって、子どもは自由に想像しながら、思うように話を創ることができるのですもの！

「昨日ね、ママとね、スーパーへお買い物に行ったらね、知らないおばさんがね、『かこちゃんはいい子だから、いっぱい上げようね』って言ってね、こーんなにいっぱいチョコレートをくれたよ」って、両手を大きく広げて話してくれたら……「わー、いいな！わたしも欲しかった！」と、わたしは言います。わたしはもう55歳。妖精と出会うことなんてほとんどなくなってしまいました。けれど、4歳のかこちゃんは、きっと毎日、妖精と遊んでいるのでしょうね！

昨日、農場に行ったら、「こどもの園」の子どもたちが森の中で遊んでいました。わたしを見つけた亮《りょう》ちゃんが「ゆーこせんせい、ぼくね、こーんなおおきなどんぐりみつけたよ。そいで、どんぐりに乗ったんだ。そしたら、どんぐりがぴゅーってはしりだしたんだよ！　お空もとんだよ！」「よかったね、りょうちゃん。こんどそのどんぐり見つけたら、わたしも乗せてね。わたしもどんぐりに乗って空をとんでみたいな！」「うん、いいよ。よんであげる！」亮ちゃんは、本当にどんぐりに乗って森の中を走りまわり、空を飛んだのでしょう！

積み重ねた経験、学んだ知識、生活の中で得た常識、あるいは良識に邪魔されることなく、こんなふうに世界に心を開くことができたら、世界のすべての人の、世界にあるすべてのものの背後に存在する「精神」の力を、わたしたちは認識することができるようになるでしょう。そして、その「精神」が示すことを理解し、「精神」の導きに従うことができるようになるでしょう。そして、わたしたちは物質に依らずに生きてゆくことができるに違いありません。

　それが、遠い遠い、遙《はる》かに遠い先の日のことだとしても、わたしたちは今、その日に向かって歩み出さなければならないのです。２００１年、新しいミレニアムを迎えて、今日をその一歩を踏み出す日にしようではありませんか！

　どうぞ、エクスサイズを始めてください。わたしもいたします。

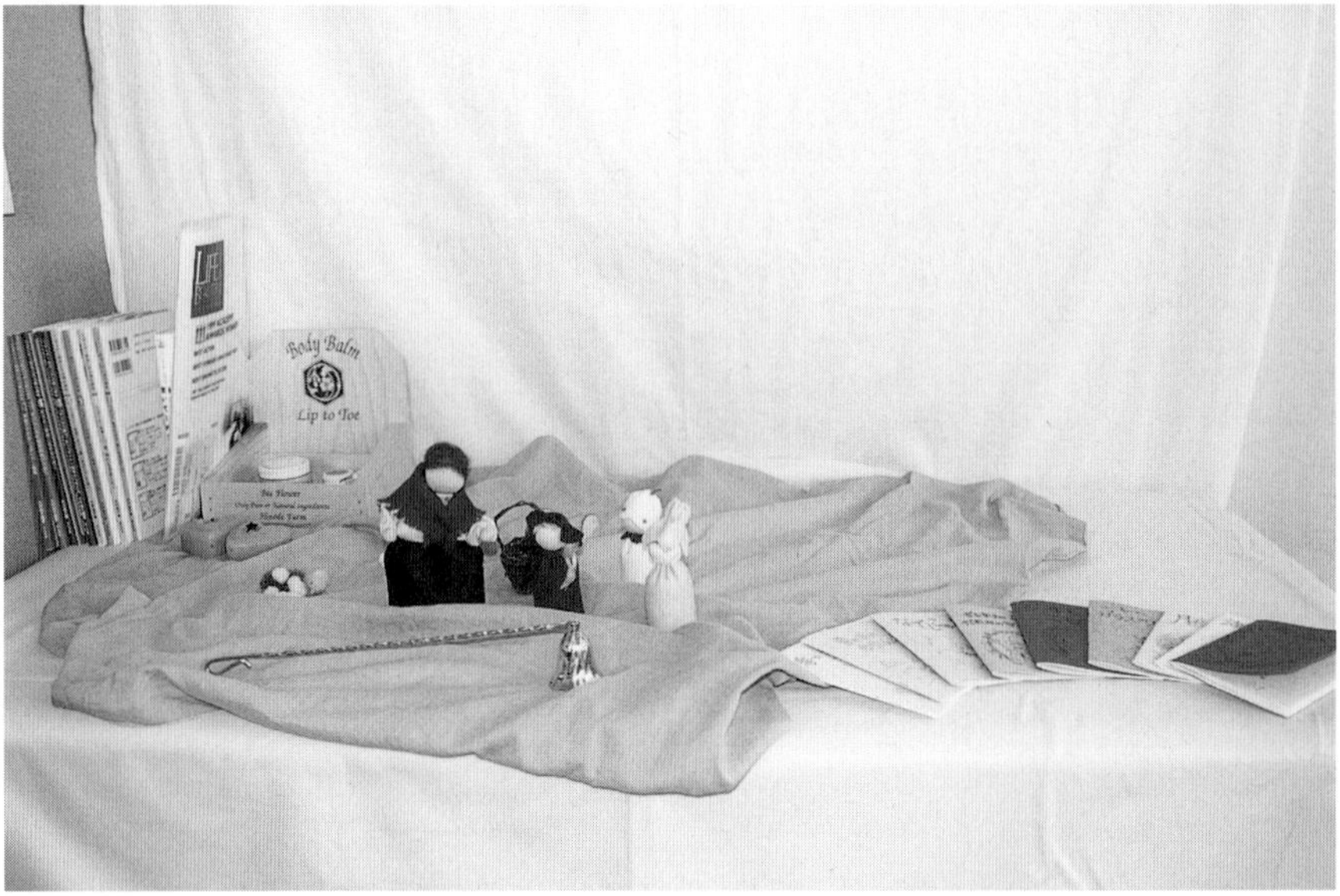

治癒教育とは

空間と動きに困難を持つ子どものために(2)

**前号（12月15日号）に続き、子どもが空間を正しく感じ、思い通りに動くことができるためのエクスサイズです。
さあご一緒に、お手玉を使って楽しみましょう。**

昨年の夏、シドニーで行われたオリンピックゲームとパラリンピックゲームの試合の数々をご覧になる機会はありましたか？　選手たちは思いきり身体を伸ばし、縮め、飛び、跳ね、走り、かがみ、広げ、投げ、受け……空間の中で自由自在に身体を動かしていましたね。その姿に、どれほど多くの人が感動したことでしょう！

身体を動かすためには、12の感覚のうちの、触覚、生命感覚、熱感覚、平衡感覚、運動感覚、視覚、聴覚などの働きが必要です。中でも、平衡感覚と運動感覚の働きはもっとも大切です。12の感覚を学んだ時にも（通信講座第1期10月号と12月号を参照してください）、わたしたちが思うままに身体を動かすためには、平衡感覚と運動感覚が働いているということを認識しました。そしてまた、身体を動かすことによって、この二つの感覚が養なわれるということも学びました。

ボールを投げられない、受け取ることができない、跳ぶことができない、真っ直ぐ歩くことができない……そんな子どもを見かけることはありませんか？

彼らは幼い頃、十分に身体を動かして平衡感覚と運動感覚を養う機会が少なかったのでしょうか。

発達の途上に在る子どもたちに、「もう遅すぎる」ということはありません。「十分に発達していない」と、わたしたちが気付いたその時から訓練を始めても十分間に合います。必要な感覚が十分育っていない子どもたちに、今すぐ手助けを始めましょう。

このエクスサイズは、特に発達の遅れが見られない子どもたちにとっても、楽しいものです。そして、もっともっと感覚を発達させる助けになります。寒くて外に出られない冬の日、是非、子どもさんを誘って、あなたもご一緒になさってください。そして、周りの空間を感じ、その空間の中で手足を、身体のあらゆる部分を、そして身体全体を動かして、もっともっと子どもたちの、そしてわたしたち自身の平衡感覚と運動感覚を養いましょう。

右、左、前、後、上、下、斜め右、斜め左、斜め前、斜め後ろ、はす後ろ、はす前……わたしたちの身体の周囲はすべて空間です。わたしたちは空間の中に存在し、その空間の中を自由自在に動くことができるのです。なんと素晴らしいことでしょう！

子どもたちが自由な意志を持ち、その意志のまま自在に動くことができるように、また、わたしたち自身がそのような存在であるように……ご一緒にエクスサイズをいたしましょう。

今日は前回の続きをいたします。お手玉を空中にほおり投げ、受け取る……やさしいように思えることを、苦手と感じている子どもがいます。投げたり、ほおったりできるようになったら、次にリズムに合わせながらしてください。

エクスサイズ　5　お手玉を使った爪先の訓練

このエクスサイズは、足を使う力、温かみと冷たさを感じる力、重さを感じる力、バランスをとる力、材質（このエクスサイズの場合はお手玉の材質）を感じる力等々……それらの力を用いて、子どもたちの触覚を刺激するものです。また、足や爪先の筋肉を使いながら、子どもが、彼自身の中心から、一つの方向を見つけることも促します。

靴も靴下も脱いで裸足になってください。

1　椅子に腰掛けます。背筋をまっすぐに伸ばして椅子の背にもたれないようにしてください。子どもの右足の前の床にお手玉を置きます。爪先を使ってそのお手玉をつまみ上げ、そして床に落とします。

2　同じように背筋をまっすぐにして椅子に掛けます。子どもの左足の前にお手玉を置きます。今度は左足の爪先を使ってお手玉をつまみ上げ、また床に落とします。（92頁、図①②を参照してください）

3　次に椅子から立ち上がり、立ったままで1と2でしたエクスサイズを繰り返します。（図③を参照してください）

エクスサイズの応用

まず、1、2、3のエクスサイズを、たやすくできるまで繰り返します。それができるようになったら、椅子に腰掛けたままで爪先を使ってお手玉をつまみ上げ、後ろに、前に、右に左に放ります。最初は右足で、次に左足で。できるようになったら立ったままで同じことをします。（図①②③を参照してください）

エクスサイズ　6　たったまま8の字を描く

このエクスサイズは、身体の周囲の空間と身体の関係、そして斜めの動きの感覚を獲得するためのものです。（93頁、図Ⓐ）

1　足を少し広げて真っ直ぐに立ちます。おへその前で、両手でお手玉を持ちます。

2　右手でお手玉を持ち、両手を左右に広げ大きく円を描きます。その時、手の動きにつれて少しずつ踵《かかと》が上がりますよ。

3　頭の上で、お手玉を右手から左手に持ち替えます。この時、踵は高く上がったままです。

4　両手を広げたまま少しずつ下げます。手が下がるのと同時に、踵《かかと》も少しずつ下がります。

5　両手をおへその前までおろします。その時、両手の平は上に向いています。踵はしっかり床に着いていますか？

6　そのままの姿勢で、お手玉を左手から右手に持ち替えます。

7　お手玉を右手に持ったまま、両手を身体の脇に下げてゆっくりしゃがみます。その時、背中はしゃんと真っ直ぐにしてください。踵は上がっていますか？　踵をべたっと床につけないように。そのままの姿勢でお手玉を右手から左手に移してください。

8　お手玉は左手の中にあります。両手の平を上に向け、ゆっくり立ち上がってください。その時、踵はゆっくり床に着きます。

9　真っ直ぐ立ちます。両手はおへその前に、お手玉は左手の上にあります。この時、両手の平は上を向いてますね。

　1から9までを、8回繰り返します。お手玉はぎゅっと強く握らず、そっと持ってください。この一連の動きは、8の字を描くようにできると理想的です。（93頁、図④を参照してください）

エクスサイズの応用

このエクスサイズは、二人が向かい合ってすることもできます。Aさんの右手にお手玉があります。AさんはBさんに向かってお手玉を投げます。Bさんはそれを右手で受け取ります。Bさんは身体の後ろに両手を回し、受け取ったお手玉を右手から左手に移し替えます。次にBさんは左手に持ったお手玉を、Aさんに向かって投げます。Aさんはそれを左手で受け取ります。そして、Aさんは両手を後ろに回してお手玉を左手から右手に持ち替えます。

　AさんとBさんが立ったままお手玉を投げることで、二人の間にも水平に8の字を描くことができましたね。基本のエクスサイズができるようになりましたら、子どもたちにこのエクスサイズをさせてください。二人でするエクスサイズは子どもにとってとても楽しいものです。

エクスサイズ　7　螺旋《らせん》の動き

　このエクスサイズは、6でした左、右、前、後、上、下のそれぞれの動きのすべてをつなげたものです。はじめに腰の周りに小さく描いた渦《うず》が、立ち上がるに連れてだんだん大きくなり、しゃがむに連れて、だんだん小さくなる、螺旋《らせん》の動きをします。これを一つのリズムの中でします。（94頁、図Ⓑ）

1　踵（かかと）をあげたまましゃがみます。背中は真っ直ぐ伸ばします。両手はおへそのあたりにあります。手の平を上に向けて、右手にお手玉をのせます。

2　しゃがんだまま、両手を身体の後ろにまわし、お手玉を右手から左手に移します。くれぐれも踵を床に着けないようにしてください。

3　踵を上げたまま、少しずつ立ち上がります。両手は身体の前に戻します。そして、お手玉を左手から右手に移します。踵は少しずつ下にさがります。

4　両足をしっかり床に着けて立ちます。そして両手を後ろに回してお手玉を右手から左手に持ち替えます。

5　両手は前にまわして肘《ひじ》を曲げ、肩の高さに水平に保ってください。そのままの姿勢でお手玉を左手から右手に移します。

6　立ったまま両手を身体の後ろに回します。そして、腰のあたりで右手の中にあるお手玉を左手に移してください。

7　少しずつ腰を下げてゆきます。踵は床から上げてつま先立ちをします。そして、腰の位置でお手玉を左手から右手に持ち替えます。

8　床から踵を上げたまましゃがみます。背中は真っ直ぐ伸ばします。そして、両手を身体の後ろに回して、お手玉を右手から左手に持ち替えます。

これで1回のエクスサイズを終わります。気が付かれましたでしょうか。お手玉は身体の周りをまるで螺旋《らせん》のように動きましたね。（94頁、図⑤を参照してください）これを一つの流れとして、リズムに乗ってしてください。この動きを8回繰り返してください。このエクスサイズをする時に大切なことは、常に背中を真っ直ぐに伸ばしていることです。

前回に続き、今回も子どもが空間を正しく感じ、その空間の中を思い通りに動くことができるようになるためのエクスサイズをしました。

今、子どもたちは思い切り身体を動かすことが少なくなりました。いえ、できなくなりました。わたしたちが彼らから森を、林を、野原を奪ってしまったのです。

「そんなに速く走るところぶわよ！」「木登りは危ないからよしなさい」「川にはいっちゃ駄目といったでしょう！」「棒きれを投げてお友達に怪我をさせたらどうするの？」「そんな汚い石ころ、どこで拾ってきたの？　捨てなさい」

　こんなことを言われ続けている間に、子どもたちは身体を動かすことができなくなってしまい、子どもたちは身体を動かす楽しさを、すっかり忘れてしまいました。

　身体を自分の思うままに動かすことができる……なんて気持の良いことでしょう！　身体を自由自在に動かすことができた時、わたしたちは生きていることが嬉しく、楽しく、素晴らしいことだと感じます。わたしたちが身体を思う存分動かす時、心が弾《はず》み、心が歓《よろこ》び、心が躍《おど》ります。

　子どもたちが自由に身体を動かすことができ、一人残らず「生きていることはなんて素晴らしいんだろう！」と感じることができるよう、その手助けをしたいものですね。

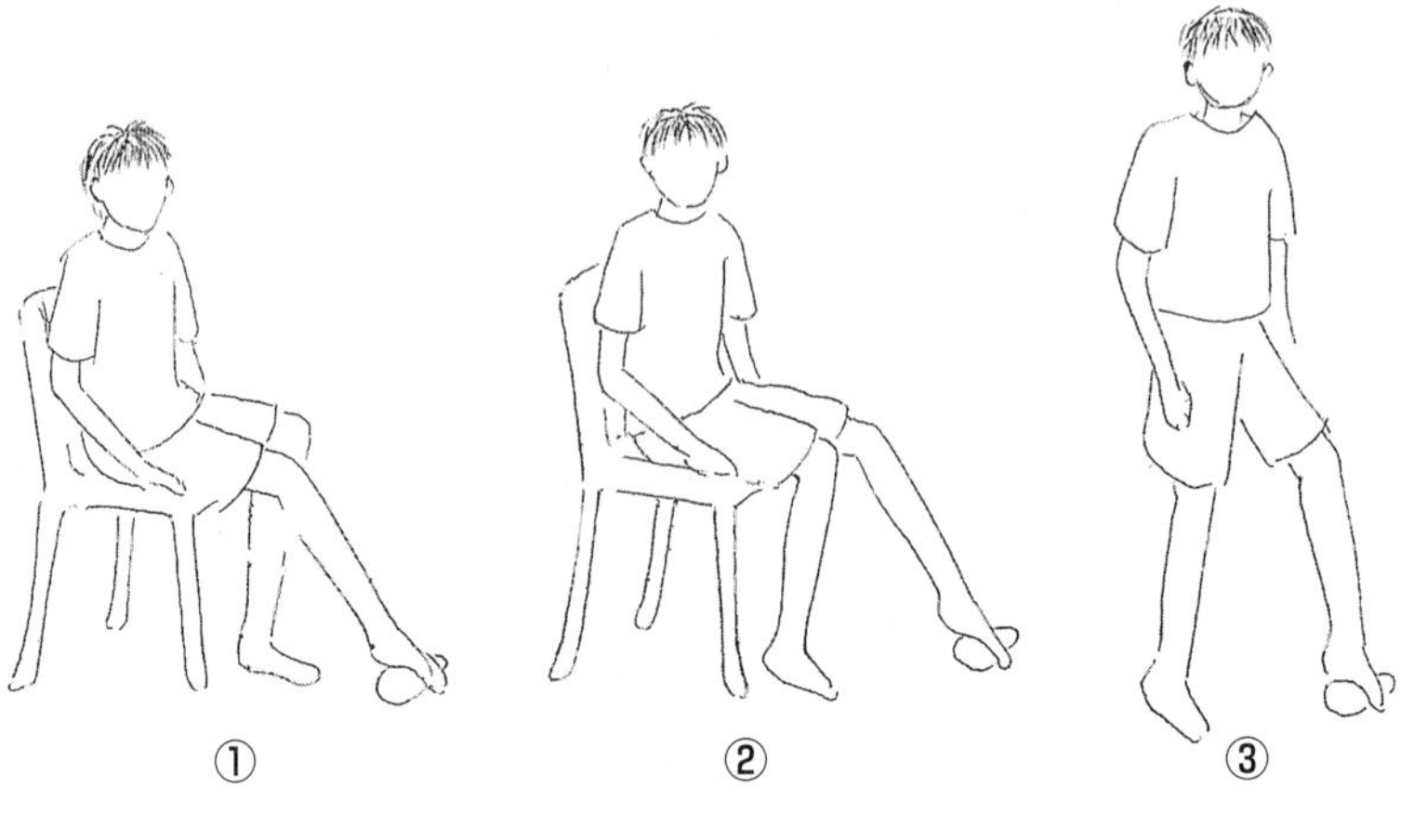

①　②　③

エクスサイズ５

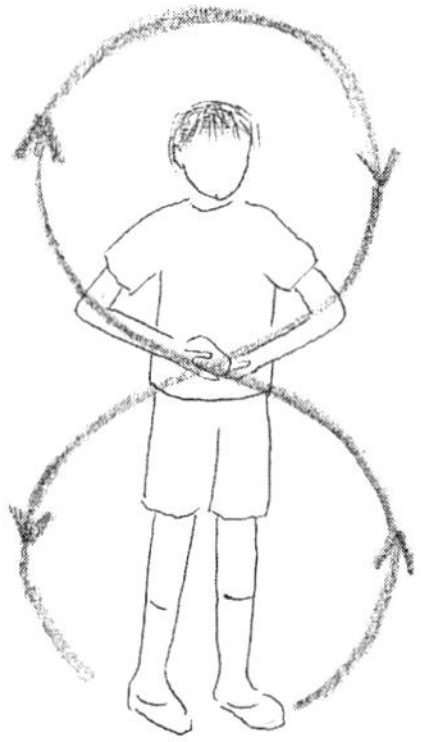

④

エクスサイズ 6

⑤

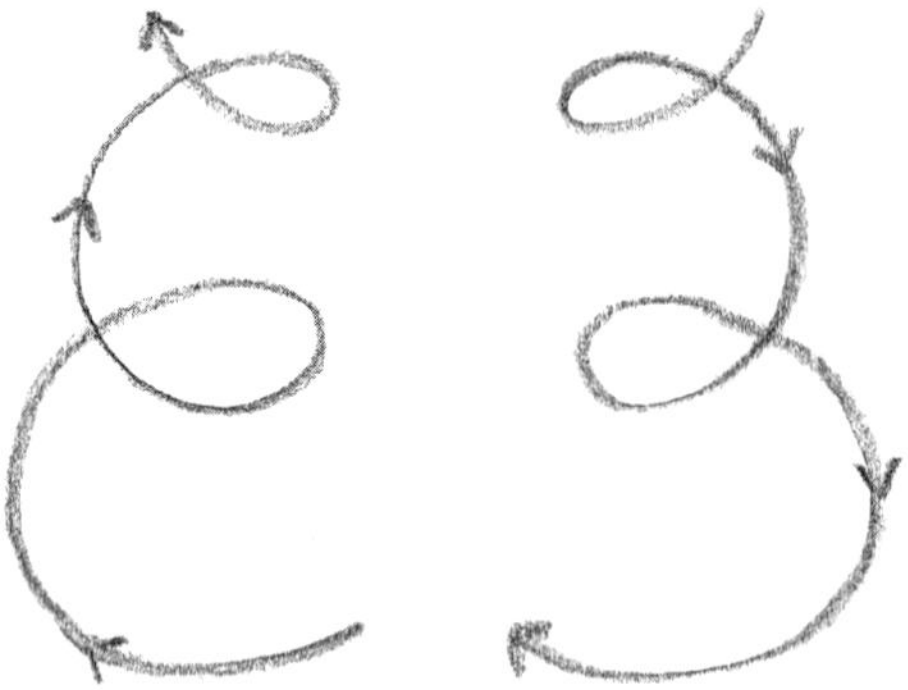

上へ　　下へ

Ⓑ

ペタゴジカル
ストーリー

お話の持つ力

「いや」「だめ」「きらい」「できない」と言う子どもへ

petagogical《ペタゴジカル》 story《ストーリー》：直訳すると、教育的なお話。ここでは、心から「そうしよう！」と思えるように導く創作物語の意味。

なぜ、子どもたちは「否定的」な行いをするのでしょうか？
「否定的」なことを言い続けるのでしょうか？
ご自身の体験から大村さんは、こう考えているのです……。

「いや！」「だめ！」「きらい！」「できない！」「したくない！」…あなたのまわりに、口を開けばこんなことばを発している子どもはいませんか？　否定的なことばや行いが、友だちや周囲の人に悲しみや苦しみをもたらし、周囲に不調和な空気をつくっている……そんな子どもはいませんか？　本当は素晴らしい力を持った子どもたちなのに、その力を発揮することができず、いえ、発揮するどころか、彼らのことばや態度や行いが、周囲に困難や悲しみや不幸を生み出す原因になっている……そんな子どもたちの姿が、わたしには悲しくて残念でなりません。

彼らはなぜ、否定的なことばを発し、否定的な態度をとるのでしょうか？　なぜ、仲良しの友だちや大好きな家族、先生が悲しむと知っていながら、否定的なことを言い続け、否定的なことをし続けるのでしょうか？

彼らの姿を見ながら、彼らのことばを聞きながら、今もわたしは考え続けています。その理由をわたしははっきりと断定することはできません。ただ、いくつか思い当たることはあります。

その一つは、彼らが……周りにいるわたしたちの注意を惹《ひ》きたいのだ……ということです。子どもたちは愛されたいのでしょうね。愛して、愛して、愛し尽くされたいのでしょうね。

お母さんは、「勿論《もちろん》、愛しているわよ。だって、あなたはわたしの子どもじゃない！　子どもを愛さない母親なんているはずないわ」とおっしゃるでしょう。お父さんは、「仕事が忙しくて、いつも一緒にいるというわけにはいかないけど、愛しているよ。おまえが好きなことができるように、一生懸命働いているよ」とおっしゃるでしょう。先生は、「担任している子どもたちみんなを満足させることは難しいけれど、わたしなりに愛しているし、わたしなりに全力を尽くしていますよ」とおっしゃるでしょう。

そうですね、自分の子どもを愛していない親はいませんものね。自分が教えている子どもを愛していない教師もいませんものね。わたしたちはそう思いこんでいますね。そう信じていますね。でも、残念ながら、事実はそうではないということを、わたしはわたしの体験から知っているのですよ。

長男の一郎が生まれた時、わたしは心の底から彼を愛おしいと思いました。わたしのすべてを賭《か》けてこの子を育てようと思いました。たとえわたしの持っているすべてのものを失うようなことがあっても、わたしはこの子を守ろうと決めていました。この子のためならどんなことでもしようと心に誓いました。この子が必要とするものは、どんなことをしてでも手に入れてあげたいと望みました。この子が必要とすることなら、どんな犠牲を払ってでもしようと決心していました。

でも、わたしがそう思っていたのは、産院にいるほんの短い間だけ、周りの方々が彼の世話をしてくださっている間だけでした。そう考えていたのは、彼がわたしのお乳を飲み、ひたすら眠っている間だけのことでした。

家に帰り、夫と二人で子育てが始まると、夜中の3時間おきの授乳がとても辛くなりました。「ああ、思い切り眠りたい！」と、なんど思ったことか……。

次に、オムツの洗濯を大変だと思い始めました。わたしたちは貧しくて、友人から貰《もら》った使い古しの旧式の洗濯機を使っていました。小さなマンションの5階のベランダに置いた洗濯機は調子が悪くて、すぐに動かなくなりました。北風が吹く冬の日、冷たい水でオムツを洗い、竿《さお》に通す手がかじかみました。そして、オムツを洗濯しなくてもよい日がくることを、わたしは夢見ていました。そうして、赤ん坊と二人っきりで過ごす日中を、次第にうっとうしいと感じ始めたのです。

子どもを負ぶったり、抱っこせず、自由に一人で歩きたいと渇望《かつぼう》するようになりました。離乳食が始まると、すりつぶしたり、裏ごしすることを面倒だと感じることが多くなりました。わたしは小さな赤ん坊に、わたしの自由を奪われたと感じていました。それを辛い、悲しい、苦しいと思い、次第に不満や不平が募《つの》っていきました。

子どもを育てる喜びは、勿論《もちろん》、毎日感じていました。子どもがいることを感謝もしました。わたしは彼を愛していました。愛していると信じ込んでいました。

彼はやがて這《は》い、掴《つか》まり、立ち上がり、歩き、走り、自分の意志で自由に動き回ることができるようになりました。わたしはそれを無情の喜びと感じました。けれど、それはまた、自由に動くことができるようになった一郎が、わたしの思い通りにならなくなったということでもありました。彼は思うままに動きまわっては、わたしが困ることをし始めたのです。

一郎は自由闊達《かったつ》な子どもでした。周りにいる人の思惑など、いっさい斟酌《しんしゃく》しませんでした。大人の顔色を伺《うかが》うなんてことはまったくありませんでした。自分の意志のままに行動する子どもでした。

わたしはそんな彼をわたしの思うとおりにさせたいと考えました。わたしは彼に、わたしが思い描く良い子でいて欲しいと望みました。わたしは躾《しつけ》の良い母親だと、周囲の人にほめられることが嬉しかったのです。そして彼にそう振る舞って欲しいと願いました。けれど、わたしの願いはことごとく砕《くだ》かれました。彼はどんな時にも、自分の思うとおりに振る舞い、思うとおりに話しました。殆《ほとん》どの場合が、わたしの願いを裏切るものでした。

わたしは彼をだんだん厭《うと》ましく思うようになりました。わたしの内で、わたしの思うとおりにならない彼を遠ざける気持が湧《わ》いてきました。わたしは苦しみました。悲しみました。混乱しました。嘆《なげ》きました。わたしはこんなに彼を愛しているのに、わたしは彼を良くしようとしているのに、わたしは彼が可愛いと思っているのに、彼のために良かれと思ってしているのに……。

ある日、わたしは突然気が付きました。わたしはちっとも彼を愛していない、ということを！

わたしは彼がわたしの言うとおりにした時に、彼を可愛いと思いました。わたしは彼がわたしの思うようになった時に、彼を愛おしいと思いました。彼が近所の人に誉《ほ》められた時に、わたしは彼を誇りに思いました。

気がついたらわたしは、わたしが喜ぶため、わたしが満足するため、わたしがわたし自身を誇るために、彼を育てていたのです。そして、それが叶《かな》えられた時だけ、彼を愛しているつもりになっていたのです。

そうです。わたしは彼を愛していると信じていましたが、それは、真の愛とはほど遠いものでした。それはわたし自身が満足するためのものであって、とうてい愛と呼べるものではありませんでした。わたしは、ただただわたしが可愛かったのです。

冬のある夕刻、わたしと一郎は電車に乗って家に向かっていました。ふと空を見上げると、雲は冷たいからっ風に吹き飛ばされて消えてしまい、白っぽい空が寒々と広がっていました。広い空が次第に夕日に染められていきました。一郎は身をよじって窓に向き、空を眺《なが》めていました。それを見て、わたしの気持ちは尖《とが》り、わたしは彼の行儀をたしなめようとしました。「やめなさい！」そう口に出そうとした時、一郎が振り向きました。歓《よろこ》びに満ちあふれた、なんと美しい笑顔！　一郎の瞳には、まっ赤な夕空に黒く浮ぶ秩父連山が映っていました。彼の心は神々の働きに触れて畏《おそ》れていました。彼の精神は世界のいたる所に働いている真理を認識し、凛《りん》としてそこに在りました。

そんな彼を、ただ行儀が悪いと言って、わたしはたしなめようとしていたのです。わたしが躾《しつけ》の悪い母親だと思われるのがいやで、叱《しか》ろうとしていたのです。なんと浅はかな、なんと嘘っぽちな愛なのでしょう！

そんなものは愛ではない！　わたしは彼を愛していないんだ、ということに、気が付かない訳にはいきませんでした。それは大きな衝撃でした。そんなことは認めたくありませんでした。わたしが一郎を愛していないなんて……考えたこともありませんでした。そんなことは信じられませんでした。

でも、わたしが彼に向かって発することば、彼に対するわたしの行為、思い、考え……考えれば考えるほど、それは真の愛とは呼べないものでした。その時わたしははじめて、「彼を愛したい！」と思いました。「彼を愛することができるようになりたい！」と心の底から願いました。わたしの全存在がそう叫んでいたのです。一郎が生まれて5年経ったその時はじめて、わたしの内に「彼を愛したい」と願う気持ちが生まれました。そして、ようやくその日から、わたしは彼を愛そうとし始めたのでした。彼を愛するための努力を始めたのです。

自分が生んだ子どもだから、愛しているのは当り前のことなのでしょうか？　疑いのないことなのでしょうか？　自分のお腹を痛めた子どもだから、愛しているに決まっているのでしょうか？　自分が育てている子どもだから、愛しているに違いないのでしょうか？

いいえ、他者を愛するためにも努力が必要なように、自分の子どもを愛するためにも努力が必要なのだと、わたしは考えるのですよ。なぜなら、子どももわたし以外の存在なのですから……。

子どもたちは、真に愛されることを必要としています。わたしの喜びのためではなく、わたしの誇りのためではなく、わたしの満足のためでもなく、彼らは彼らとして、真に愛されることを求めているのです。それが叶《かな》えられない時、彼らは「いやだ」「しない」「きらい」「つまんない」と言い続けるのではないでしょうか？

けれどわたしはむしろ、そう言える子どもを見るとほっとするのです。「いやだ」「いやだ」と駄々をこねている子どもを見ると安心します。彼らは自分が何を必要としているかを、知っているからです。それを、自分のことばや態度で表現することができるからです。そうして、わたしたちに教えてくれているからです。
「いやだ」「きらい」「したくない」と言えない、良い子と思われている子どもの存在が、わたしには気がかりでたまりません。「できない」「つまんない」と言えずに口をつぐんでいる子どものほうが、心配です。「いやだ」と言えない子どもの屈折した心、「きらい」と言って拒むことのできない鬱々《うつうつ》とした気持……「食べたくない」と言って斥《しりぞ》けることができず苦しみながら、にこにこと笑っている子どもがかわいそうでなりません。
「良い子になーれ」という、呪文《じゅもん》をもう解いてあげましょう！

　わたしたちがかけた呪文《じゅもん》を必死で解こうともがいている子どもたち、為すすべもなく呪文に縛《しば》られて身動きできない子どもたち、呪文をかけられていることにさえ気が付かない気弱な子どもたち……彼らを縛《しば》っている呪文を解くことができるのは、呪文をかけているわたしたちだけです。一日も早く、子どもたちを苦しめている、子どもたちを悲しませている、子どもたちを混乱させている呪文を解いてあげましょう。わたしたちがかけた呪文を……。

　わたしたちが、子どもたちを真に愛していない……ということを示してくれている、ということ以外にも、子どもたちが「いやだ」「きらい」「したくない」「つまんない」と言い続ける理由はさまざまにあります。

　物質の豊かさだけを求めるこの世の中で、彼らの心は善や美や真に飢《う》えています。彼らは「イヤだ」「きらい」と言いながら、善と美と真を示すことのできないわたしたちの在り方を拒み続けているのでしょうか。そんなわたしたち大人を信頼していない彼らの心が、拒絶のことばを言わせのでしょうか。彼らはわたしたちの在り方を試しているのかもしれません。自信を失った親に頼られて、困惑している子どももいるでしょう。そして、彼らは否定的なことばを発し、否定的な行為をし続けているような気がしてならないのです。

　皆さまとご一緒に「子どもの成長の段階」を学んだ時に、子どもが成長するプロセスの中で、特に、彼らの内で自我が芽生え、「自我」が育つ時期があるということを学びました。覚えていらっしゃるでしょうか？　その時期は、3歳、9歳、16歳頃のことでしたね。

「いや！」「だめ！」「きらい！」「できない！」「したくない！」と言う子どもたちを見ていると、彼らがこの3つの時期の中に在るということにも気がつきます。すなわち、子どもたちは否定的なことばを発し、否定的な行為をすることで、自分の内に芽生えてきた「自我」を確かめているのでしょう。或いは、芽生えてきた「自我」が彼らをそうさせるとも言えますね。

　わたしたちは彼らの言葉や行為だけを捉えて…「悪い態度だ」「困ったことだわ！」「なんてひどいことばなんでしょう」……と責め、批判し、判断し、評価することが往々にしてあります。けれど、彼らのことばや行為は、彼らの成長の過程でどうしても必要なことなのです。わたしたちは、ルドルフ・シュタイナーの人間観からそのように学びました。そして、責めたり、裁《さば》いたり、批判するのではなく、彼らのあるがままの状態を理解することが大切だということも、また学びましたね。

　子どもを理解すると言うことは、彼を、彼女をそのまま受け入れる、認める、容認すると言うことではありません。クラスのみんなと一緒にする作業を「いや」と言って拒否することを、「いいわよ」と言って受け流すことではありません。果たさなければならない責任を「したくない」と言って避《さ》けようとする態度を見逃すことではありません。

　彼らの苛立《いらだ》つ心を理解し、彼らの悲しみをわたしの悲しみとし、彼らの困難を共に担い、彼らの悩みを共に悩みたいとわたしは望みます。そして、彼らに善なること、真なること、正しいことを示したいと、わたしは考えます。

　けれど彼らが不正義を行った時には、彼らの前に立ちはだかって、それを阻止しようと心に決めています。彼らが悪を口にした時には断固として、それを正すように促します。彼らが悪の行為をした時には、ためらうことなくそれを止《と》めます。わたしは、わたしの全存在を賭《か》け、わたしの行いを以て、それを示したいと考えています。わたしが善と美と真を思い、考え、行うことによって、彼ら自身が善と美と真の存在になるよう、助けたいのです。

「三人のノーム」

むかーし、むかーし、北の森の奥ふかくに三人のノームが住んでいました。彼らはずいぶん年をとっていましたが、自分たちが何歳なのか、だれも知りませんでした。生まれた時にはたしかにお父さんもお母さんもいましたが、二人ともずいぶん前に死んでしまって、それもどれくらい前のことか分からなかったのです。

三人の名前はいちばん年上から、ユンケル、キンケル、モンケルといいました。

ある晴れた秋の日のことです。三人はいつものように芋《いも》の葉にたまった朝つゆで顔を洗い、朝ご飯を食べました。「ノームの朝ご飯てどんなものだろう？」ですって……知りたいですか？　ノームに知り合いがいなければ、そんなこと一生知る機会がありませんものね。あなたが知らないのも無理ありません。

じゃあ、教えて上げましょう。その朝、三人が朝ご飯に食べたのは、メープルシロップをたっぷりかけたクルミと、よい匂いのするハッカのお茶でしたよ。ユンケルが外に出しておいたカップに、お月様が一晩中銀のしずくを落とし続けて、カップいっぱいにしてくれたのです。

銀のしずくで淹《い》れたお茶は、それはそれはおいしいんですよ。もっとも、ユンケルが淹《い》れたお茶を、キンケルはいつものように「飲みたくない！」と言い、モンケルは「そんなのきらいだ！」と言いましたがね……。「それで二人は何を飲んだの？」ですって……。「いやだ」とか、「きらいだ」と言うのはキンケルとモンケルの癖《くせ》でしてね、そんなことを言いながら、二人とも結局はいつでもユンケルと同じことをするんですよ。今朝もそうでした。ユンケルが淹《い》れたお茶を、二人は「まずい！」と口ではそう言いながら、おいしそうに飲みましたよ。

さて、ゆっくり時間をかけて朝ご飯をすませたユンケルとキンケルとモンケルの三人は、いつものように散歩に出かけました。散歩のコースはいろいろありますが、その朝は「小川の堰《せき》に、きっとヤマメがかかっているよ！」と言ったユンケルのことばで、小川に行くことに決めたのです。この時も、キンケルとモンケルは「行きたくない」「小川の堰《せき》なんて、飽《あ》き飽きした」と言っていましたが、ユンケルが魚を入れる魚籠（びく）を持って外に出ると、「つまんないなあ……」「他に行く所はないのかい？」とぶつぶつ言いながらもついてきたのです。

　三人のノームが暮らしている森の前には大きな野原が広がっていて、その野原を東西に横切って小川が流れています。その小川の流れに沿って５００メートルほど山に向かって歩くと、大きな桃の木が見えてきますが、その桃の木の下に堰があり、ユンケルとキンケルとモンケルは、ときどきそこに梁《やな》を仕掛けて魚を捕ることがあるのです。「えっ、ノームも魚を食べるの？」ですって！　そうなんです。ノームは普段、花の蜜《みつ》や木の実や柔らかい葉っぱだけを食べていますが、一年に1度や2度は魚を食べる気になるんだそうですよ。

　さて、魚を入れる魚籠（びく）を手にして、ユンケルとキンケルとモンケル三人は出かけました。東山の際《きわ》から昇ってきたお日様が、ようやく南山の峠に顔を出しかけたところでした。春にはお日様ものんびりしてしまうのでしょうかね。

「いやだなあ、冷たいじゃないか！」キンケルが言いました。うっかり寝すごして、天に戻りはぐれた露に、足を濡《ぬ》らされたのです。「だから来たくなかったんだ」モンケルも言いました。「そうだよ、ユンケルの言うことなんか聞かなきゃ良かったんだ」「ユンケル、梁《やな》はおまえが仕掛けたんだから、おまえが一人で行けばいい」「そのとおり！」「さあ、帰ろう、帰ろう」……キンケルとモンケルは口々にそう言って、来た道をさっさと戻って行ってしまいました。ユンケルには、足を濡《ぬ》らす露《つゆ》がとっても気持ち良く感じられたんですがねえ。

　残されたユンケルは、「二人が文句を言うのはいつものことだ。わたしが魚を持って帰ったら、二人ともきっと喜んで食べてくれるだろう」そうつぶやいて堰《せき》にむかって歩き出しました。

その時です。どこからか「ユンケル、ユンケル」と呼ぶ声が聞こえてきました。亡くなったお母さんの声のようでありました。「お母さんですね。どこですか?」……振り向くと真っ白いガウンを羽織ったお母さんが、ユンケルの後ろに立っていました。ほんの少しだけ微笑んで……。

「ユンケル、ご苦労なことね。キンケルとモンケルはまた文句を言って帰ってしまったのですね。困ったこと!」「いつものことですよ。お母さん、心配しないでください」「いつまでもあの癖《くせ》は直らないようねえ」とお母さんは低い声でつぶやきました。

「ええ、でも、わたしが魚を持って帰れば、二人とも喜んで食べますよ。もっともまた、『魚はきらいだ』とか、『なんで魚はこんなに臭いんだ!』なんて言うでしょうけどね」「いつか、二人が『いやだ』『きらいだ』『したくない』と言わなくなるように、と願っているのですがねえ……」「いいじゃないですか、お母さん。ここにはわたしたちの他だれも住んではいないのですから……。二人があんなことを言っても、わたしの他にはだれに迷惑をかけるわけでもありません。わたしだけが我慢していればいいんです。わたしはもう馴《な》れました」とユンケルはにっこり笑って答えました。

「でも、そうもゆかないのですよ。二人が今までどおり『いやだ』『きらいだ』と言い続けていたら、大変なことになるのです」「大変なことって、なんですか?」「いえね、天の国の王様が、キンケルとモンケルにえらくご立腹されているのです」「王様が……なんでまた?」「実は今朝、王様は隣の国の女王様に会いに行かれるために、この野原の上を雲の馬車に乗って通りかかったのです。そして、あなたがたの様子を一部始終ご覧になったのですよ」

「そうですか……」「王様は正しいことだけを思い、正しいことだけを口し、正しいことだけをなさる方です」「わたしもお噂は聞いています。キンケルとモンケルのことばと行いに、王様はとてもご立腹になったのですね。それで、大変なこととは?」「ええ、王様はすぐにわたしを呼ばれました。そして、訊《たず》ねられたのです。『二人はおまえが生きている時からあんなふうだったのか?』と……」ユンケルは慌《あわ》てて言いました。「勿論、二人が始終『いやだ』『きらいだ』と言うようになったのは、お母さんが亡くなってからだということを話したのでしょう？」「ええ、話しましたよ。二人は本当は心の優しい子なのです。心の底から『いやだ』とか『きらい』だとか『したくない』と言っているわけではありません。わたしがこちらの国に来てから、夫もすぐに亡くなり、寂しくてあんなことばかりを言うようになったのです、と、ね」「で、王様は分かってくださいましたか？」とユンケルはまた急いで聞きました。「『それはよく分かる、両親を亡くした子どもにはよくあることだ。そして、苦しいことや悲しいことが続くと、そう言い続ける子どもがいるということも、わたしは知っておる。口で言っているほど、キンケルとモンケルが『いやだ』『きらいだ』と思っているわけではないということも、承知だ。時にはユンケルに甘え、時には面白がって、また時には真面目なユンケルを困らせるために、『いやだ』『きらいだ』『したくない』『食べたくない』と言うのだということもな……。だがな、ことばには力がある。ことばは魔法の力を持っておるのだ。それはおまえも知っておろう。たとえ二人が心底そう思っているわけではなくとも、『いやだ』『きらいだ』ということばは毒を持っている。二人が『いやだ』『きらいだ』と言うたびに、世界中にその毒がまき散らされているということを、彼らは知らなければならない。その毒を吸った草や花が枯れてしまうことを知らなければならない。キンケルとモンケルは十分成長した。見るところ、百歳は越えているだろう。もう分かってもよい頃だな』と、こうおっしゃるのです」「そうですか……」ユンケルはどうしたものかと考え込んでしまいました。

「それから、王様はこう続けられました。『おまえはあの野原の家で３００年も暮らしたから知っておるであろうが、昔、あの野原は美しかった。みずみずしい草と、美しい花がいっぱいに咲いておった。そして、草と花のその汁をすすりに、ありとあらゆる虫がやってきた。野原はそれはそれは賑《にぎ》わっておったなあ……。おかしいと思っていたのだ。あれほど美しかったあの野原が、この頃ではすっかり荒れ果てしまって……。キンケルとモンケルが毎日口にしている『いやだ』『きらいだ』ということばが毒をまき散したために、草も花も枯れてしまったのだな……』と、王様はとてもお嘆《なげ》きでした。」お母さんはそう言い終えて、大きなため息をつくのでした。

　そして、また気をとり直して続けるのでした。

「わたしはこう言ってお詫《わ》びしました。『申し訳ありません。キンケルとモンケルは決して悪気があって言っているのではありません。わたしが生きている頃にはとても優しくて気だての良い、明るい子どもたちでした。『いやだ』『きらいだ』などということばを、二人の口から聞いたことはありませんでした。わたしと夫が死んでしまって、二人は悲しくて、寂しくて、辛くてあんなことを言っているのでしょう』と。すると、王様はこうお答えになったのです。『それは分かる。けどな、世界の法則はどんな事情があっても変えることはできない。それはおまえもよーく知っておろう。このまま、二人が『いやだ』『きらいだ』と言い続ければ、あの野原の草花はぜんぶ枯れてしまう、それもすぐにな！　虫も鳥もけものたちも食べ物がなくなり余所《よそ》へ行ってしまうだろう。そうなったら、あの野原は死んでしまう。そして、二度と草も花も咲かなくなる。自然はひとたび死んでしまったら、二度と元には戻れないのだ。そんなことにはさせられない、あの野原はわたしの大切な領土なのだからな。そうなる前に、わたしは手だてを打とうと思う。その手だてがどんなものであるか、おまえは分かっておろうな』と」「それで、お母さんは王様の打とうとされている手だてがどんなものであるか、知っているのですね」「ええ、知っていますよ。昔、同じことがありましたからねえ」

「それは、いったいどういうことですか？」

　ユンケルとキンケルとモンケルのお母さんは青い顔をしてじっと目を閉じ、すぐには口を開こうとしませんでした。遠くで鳥の羽音がばさばさっと聞こえてきました。すると、お母さんは目を開け、思い切った様子で話し始めたのです。

「昔、わたしがまだこの山の向こうの、そのまた向こうの、またまた向こうの里で暮らしていた時のことでした。わたしのおばあちゃんが話してくれたことですから、それは1万年以上も前のことだったかもしれません。そのノームの里に、身体の弱い母親と幼い女の子が一人暮らしていましたが、ある冬の大吹雪《ふぶき》の晩に、とうとうその母親は死んでしまいました。身よりのないその女の子はその日からわたしの家で暮らすことになり、姉妹がいなかったわたしは大喜びでした。でも、日がたつにつれて、わたしはその子と一緒に暮らすことが辛くなってきたのです。なぜって、その子は口をひらけば『いや』『きらい』『したくない』『食べたくない』『まずい』『つまらない』と言い続けるのです。わたしたちはその子が悲しくて言っているのだろう、月日が経てば悲しみも和らぎ、そんなことばも口にしなくなるに違いない、と思っていたのです。

一《ひと》月経ち、二《ふた》月経ち、三《み》月経ち、春になりました。空にはノホホン雲が浮かんでいました。けれどいつもは桃の花の香りが村中に漂《ただよ》うはずなのに、つぼみは堅いまま、ほころぶ様子もありません。すみれも、水仙も、れんぎょうも咲きません。それどころか、草の芽さえ出てこないのです。そして、相変わらずその女の子は『いや』『きらい』『したくない』と言い続けていました。

わたしのおばあちゃんは花が咲かない訳を悟《さと》りました。おばあちゃんのそのまたおばあちゃんに同じような話を聞いたことがあったからです。おばあちゃんは、その子どもをそっと呼び、……おまえが『いや』『きらい』『したくない』『食べたくない』『まずい』『つまらない』と言い続けていたら、いつまで待っても草も生えず、花も咲かないのだよ……、そしてその子どもが言い続けることばが持っている毒が、草花や木々の生命を奪ってしまうのだということ。そして、ついにはその子どもの身体にも毒がまわって死んでしまうということを話しました。でも、その子はおばあちゃんの話を信じませんでした。母親を失ったその子の悲しみや苦しみや辛さは、おばあちゃんの話に耳を傾けさせないほどに、大きいものだったのでしょう。そして、とうとう、春の終わりの夕方、草も花もない荒れ果てた野原でその子は死んでいったのです」

「お母さん、その話は本当なのですね。そして、キンケルとモンケルが『いやだ』『きらいだ』と言い続けたら、その子と同じ運命を辿《たど》らなければならないのですね」「そうです。王様がおっしゃる手だてというのは、野原がすっかり死に絶える前に、キンケルとモンケルを天に呼び戻すということなのです。そんなふうにして天の国に帰ってきたノームは、二度と地上に生まれ変わることができません。永久に天の国の冷たく暗い片隅で暮らすことになるのです」「そんなことを二人にはさせられません。キンケルとモンケルは良いやつなんです。わたしが話します。『いやだ』『きらいだ』などと、これからは決して言わないようによーく話して聞かせます。そして、お母さんがおばあちゃんから聞いた話もします」ユンケルはきっぱりとお母さんにそう言いました。「頼みますよ。それができるのはあなただけです。『いやだ』『きらいだ』と言い続ける二人には、天の国に暮らすわたしの声が届かないのですから……」お母さんはそう言うとホットため息をつき、少しほほえんで朝の光の中に消えてゆきました。

それから一年たった春の日のことです。夜露に濡《ぬ》れたみずみずしい草原が朝日を受けてきらめいています。あなたの好きなペンペン草も、はこべも、元気に咲いていますよ。きんぽうげの黄色い花はまるで太陽の光をみんな吸い取ったように輝いています。苔《こけ》の生えた岩かげから少しだけ顔を出している紫色のすみれの姿がみえますか。

ユンケルとキンケルとモンケルがこちらに向って歩いて来ます！　キンケルは肩に大きなに魚籠（びく）を下げ、モンケルは手に釣り竿《ざお》を持っていますよ。二人の後ろをユンケルが天を仰ぎながらゆっくり歩いています。きっと、天の国で暮らしているお母さんと話をしているのでしょう。

よかった、よかった！

ホーム・ケア

「気管支炎を和らげるためのレモンの温湿布」

**ハードワークの毎日。大村さんは喉を酷使しています。
変調をきたすとすぐ、レモンの温湿布をすると、
不思議なくらい楽になるそうです。
冬の寒い日々、ちょっと風邪気味のあなたへ、
元気になるためのプレゼントです。**

　仕事柄、話をする機会が多いわたしは、疲れるとすぐに喉《のど》に変調をきたします。喉が痛くなったり、声がかれたり、咳《せき》が止まらなくなります。こういう時、医者に診察してもらうと、必ず「気管支炎を起こしていますよ」と言われます。こんな時には声を出さず、ゆっくり、のんびり過ごせばすぐに治るのに……。分かっています。分かってはいますが、「いずみの学校」の授業を休むわけにはいきませんし、「自然と芸術と人智学を学ぶプログラム」（NAA）の授業もあります。「ひびきの村」の会議は毎日あります。若いスタッフが頑張ってくれているので、わたしが出なくてもよくなって、ずいぶん楽をさせてもらっています。ありがたいことです。それでも、年長者の知恵が必要とされることもあります。その他に仕事の打ち合わせがあります。電話もかかってきます。

　仕事以外の話だってたくさんしたいですよねえ……わたしのまわりでは美しいこと、素晴らしいこと、楽しいこと、心躍ること、感謝すること、感動することが次々と起こるのです。腹の立つこと、悲しい

こと、悔《くや》しいこと、切ないこと、落胆することもあります。どちらにしても、わたしはおしゃべりなので、じっと胸の内にしまっておくことができません。

皆さまはいかがですか？

わたしはこんなふうに、喉《のど》を酷使《こくし》しています。そのために、近頃は歌を歌う時、高音が掠《かす》れて出なくなってしまいました。わたしは小さい頃から歌うことが大好きで、「祐子が来ると、一日中歌声が聞こえるよ」と言って、おばあちゃんはとっても喜んでくれました。今も彼にギターを弾《ひ》いてもらって歌うことが、大きな楽しみの一つなのです。でも、こんなふうに暮らしているので、よほど身体の調子の良い時でない限り、歌うことができなくなってしまいました。

欲しいものを何もかも手に入れることなんてできませんものね。皆さまとこうして共に学ぶことができる喜びと、「いずみの学校」で子どもたちと過ごすことができる喜びと、「ひびきの村」で仕事をすることができる喜びと、いろいろな所に出かけて行って、皆さまと話をすることができる喜びと……こんなにたくさんの、そして大きな喜びと引き替えでしたら、声が掠《かす》れるくらいのことは小さい！小さい！　オペラ歌手になる夢も来世の楽しみといたしましょう。（素晴らしい歌声を聞くたびに、「来世は歌手になる！」とわたしが叫《さけ》ぶので、みんな辟易《へきえき》しているのです。そして「祐子さん、それくらい言い続けていたら、来世にはきっとオペラ歌手になれるよ」と言ってくれます。本当かな？）

さてさて、寒い日が続いていますが、皆さまは風邪をひかずにお元気でお過ごしですか？　ちょっと風邪気味で喉を痛めている方のために、そして、わたしのように気管支炎を起こしている方のために、今日はレモンの温湿布をお教えしましょうね。

わたしが11年過ごしたサクラメントは、カリフォルニアにあります。年間の平均気温は1月で7・2度、7月で23・3度。冬でも気温は零度以下になることはありません。春から初夏にかけて、グレープフルーツやオレンジ、レモンなど、おいしい柑橘類《かんきつるい》がわんさと生《な》ります。残念ながら、わたしの家の庭にはありませんでしたが、近所の家々の庭にはたわわに実をつけたグレープフルーツやオレンジやレモンの木がたくさんありました。そばを通ると、ぷーんと甘酸っぱい香りがしたものです。

シュタイナー・カレッジの庭にもレモンの木がたくさんありました。季節になると、棘《とげ》に刺されて「いたたた！」「いたい！」と叫びながら、夕食に使うレモンを採《と》って帰りましたっけ……。

レモンは暖かい地方に生《な》ります。それほど大きな木ではありません。せいぜい人の背より少し高いくらいでしょうか。地面のすぐ上から、枝がわさわさと四方八方に伸びています。そして、枝には棘があり、また1年中、濃い緑色の葉がみっしりと繁《しげ》っています。また、枝と同じように、地下には四方八方に根が伸び、広がっています。花は白くて小さく、濃厚な甘い香りを放ちます。葉もまた強い香りを持っていますが、花ほど甘い香りではありません。実もまた、とても瑞々《みずみず》しい新鮮な香りがしますね。その姿は皆さまもご存じのように、ラグビーのボールのような形をしています。実の片方はややとがり、もう片方にはおへそが付いています。表面は少しざらざらしていて、まるでなめした皮のようです。色は白っぽい黄色です。

今日本でわたしたちが手にするレモンの殆《ほとん》どは、輸入品です。ワックスをかけられ、消毒薬が施されています。皆さまは、自然に生っているレモンの実を手にされたことがありますか？　べとべとしていますでしょう？　それは皮に含まれている油分のためなのです。この油分はレモンが太陽から受けるたくさんの光の力によって作られます。果肉は透明で、たくさんの水分を含んでいます。その水分は生き生きした生命の力を持っています。そして、皆さまもご存じのように、レモンの実の皮と果肉の間には、白くて柔らかい綿のようなものがあります。この綿のようなものは空気を含んでいます。このように、実にはたくさんの光と水と空気が含まれているのです。

さて、なぜ、わたしたちは発熱し、身体のどこかに炎症を起こした時に（過度の新陳代謝の活動が起きた時）、レモンを使って癒そうとするのでしょうか？

かつてサクラメントにある人智学の医療センターで、薬の調合の手伝いをしていたパートナーがこんなふうに話してくれました。

……わたしたちが植物を全体として見ると、花が実に変容する時、外側で起きたこと（花が咲き、香りを放つ）とまったく対極のことが、実の中で起きるんだよ。つまり、花は太陽に暖められた空気中の熱に促されて外へ外へと開き、香りも大きく外へ外へと広がるね。そして、花が実に変容する時には、熱の働きによる花の「開き」、「広がる」性質は、「小さく」「縮こまり」「冷える」性質となるんだ。この変容のプロセスがレモンの収斂（しゅうれん）作用として働き、わたしたちの身体の中で起きる過度の新陳代謝をくい止めることを防ぎ、また過度に熱が生まれるプロセスを押さえるんだよ……

お分かりになりましたか？　このようなレモンの性質が、炎症を起こして膨張《ぼうちょう》した喉《のど》の組織を収縮し、冷やし、静めるように働くのですね。そしてレモンの皮に含まれる油は爽《さわ》やかな香りと共にわたしたちの気分を和らげる働きがあるのだということですよ。

わたしは喉《のど》が痛む時には、レモンの輪切りを布に並べて、それを喉に巻きます。これは冷たい湿布《しっぷ》です。咳《せき》が出る時には、お湯にレモン汁を加えてそれに布を浸し、それを胸に当てます。これが温湿布です。不思議なくらい楽になります。けれど、本当は十分な休養と睡眠のほうがもっと必要なのですが……。皆さまにお伝えするだけではなく、わたしも十分に気をつけますね。

胸にするレモンの温湿布

用意するもの

1　洗面器かボールいっぱいの熱湯
2　レモンを一つ
3　ナイフ
4　胸を巻けるくらいの長さと幅があるウールかネルの布
5　4の布より一まわりか二まわり大きいウールかネルの布
6　肩と胸をすっぽり包めるくらいの大きさのウー

ルの布（ショールがあったらそれでも良いですね）

7　タオルを2本（1本は湿布用の厚地のもの、もう1本は湿布用の熱いタオルを絞《しぼ》るため）

8　安全ピンを1本

温湿布の手順

用意ができましたか？　では始めましょう。

1　部屋の温度を、病人が気持が良いと感じるくらいにしてください。窓は全部閉めて、風がはいらないようにしてくださいね。

2　病人にトイレに行って用を足すように言ってください。

3　ベッドの上に次の物を用意してください。

・6の布に安全ピンをつけて、ベッドの上の、病人の背の位置に敷いてください。

・5の布をその上に置いてください。

・4の布を中央から両側に巻いて、5の上に置いてください。（図1参照）こうしておくと、両側から手早く病人の胸に湿布をまくことができます。

4　病人のパジャマの胸をはだけてください。くれぐれも肩を冷やさないように。カーディガンを羽織ってあげるといいですね。

5　洗面器かボールに熱湯を入れます。

6　レモンを熱湯の中に入れ、フォークで押さえながらナイフを使って二つに切ります

7　半分に切ったレモンのそれぞれに、ナイフで星のように切れ目を入れ（図2参照）、カップの底でぎゅっと押してレモン汁を押し出します（図3参照）。このようにすれば、レモンの汁とレモンの皮に含まれた油がお湯の中に残らず絞《しぼ》り出されます。

8　胸の端《はし》から端《はし》まで覆《おお》う大きさに折って巻いた湿布用のタオルを、もう1本のタオルで包み、7の中に入れ、十分浸します。

9　7から引き上げて、素早く、そして固く絞ります（図4参照）。

10　病人をベッドから起きあがらせ、9を病人の胸に巻きます。湿布が熱過ぎるようでしたら、胸に置く前に、病人の背中をその布でポンポンと2、3回叩いてあげましょう。そうすると病人は熱さに馴《な》れますし、布も少し冷めます。

11　湿布を病人の胸の上に置きます。そして、両側に巻いたウールを背中から巻き始めます。ぐずぐずしていると湿布が冷たくなり、乾いてしまいますので、手早くいたしましょう。

　くれぐれも病人が嫌がらない程度の熱さにしてくださいね。特に、小さな子どもは「熱い！」と言って嫌がるかも知れません。こんな時にはペタゴジカル・ストーリーに活躍してもらいましょう。湿布を始める前にお話ししてあげてください。

12　その上にウールの布を巻き、さらにもう一枚のウールの布で胸を覆い、胸の前を安全ピンで止めてください。

13　病人にはその上にパジャマを着せてください。

14　このまま30分湿布します。病人が不快に感じたり、また湿布が冷えてしまった時にはすぐ取り外してもかまいません。もし、30分経っても湿布がまだ濡《ぬ》れているようでしたら、次にする時にはもっときつく絞《しぼ》ってください。十分絞れていないと、病人の胸が冷たくなってしまいますから気をつけてくださいね。

15　もし、病人が気持ちよさそうに眠ってしまったら、そのままにしておいて、湿布が乾いた頃を見計らって取り外してください。

16　湿布を取り外したら、直ぐに病人には暖かいセーターかカーディガンを着せてあげてください。温度差が激しいことは、病人にとって最も良くないことです。そして、湿布をした後は病人を静かに休ませてあげてください。

　冬の寒い日、ちょっとしゃべり過ぎたかな？　と思う時、そして、ちょっと弱気になっているなあと感じる時、このレモンの温湿布をしてもらうと、わたしはとっても元気が出ます。どうぞ、試してみてください。

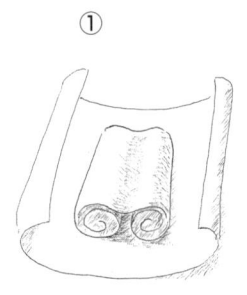

①

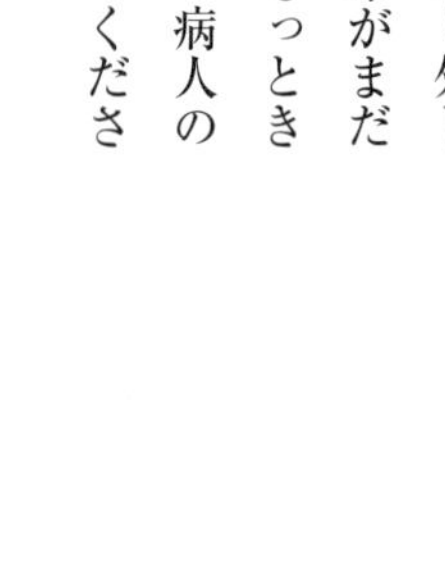

②

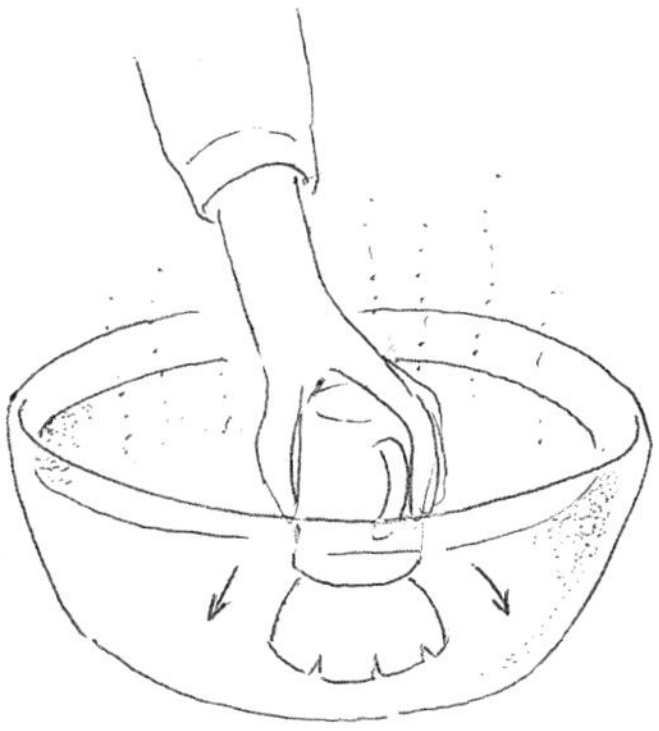

③

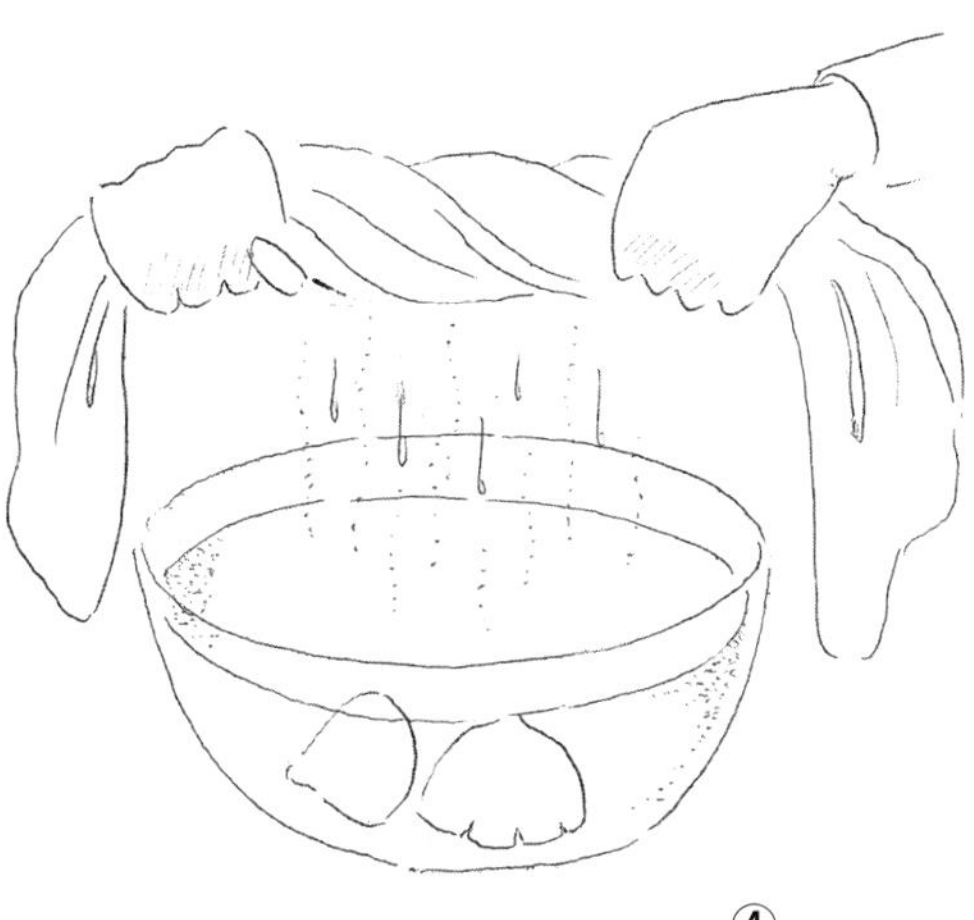

④

Q&A

**大村祐子さんが皆様から
寄せられたご質問に回答します。
子育ての悩み、教育問題、
人智学、人生相談、人間関係など、
テーマは自由です。**

FAXまたは郵便でお願い致します。

あて先〒101-0054東京都千代田区神田錦町3-21　三錦ビル２F
ほんの木編集室　大村祐子さんへのQ&A係
FAX03-3295-1080　TEL03-3291-5121
あなたのお名前、ご住所、電話番号をお書きの上
質問を200字～300字ぐらいにまとめてお送り下さい。

今号、本文の「子どもの成長・12歳から14歳まで・思春期の入り口で」にも書きましたが、わたしはアメリカにいた時に、サクラメントのシュタイナー学校で6年生と7年生のクラスのアシスタント教師をしていたことがあります。

今、わたしが担任として教えている子どもたちがちょうど、同じ歳の子どもたちです。最近、わたしはしきりに、その頃記録したノートを取り出して読んでいます。心をふるわせながら受けたメインレッスンの数々、涙を流して聞いたエヴンス先生の語る物語、子どもたちのあの顔この顔が思い起こされます。

記録の一つに、子どもたちに宛《あ》てて、わたしが書いた手紙のコピーがありました。子どもたちは、アシスタント教師として2年間、いつも教室の後ろにいたわたしを、エヴンス先生と区別することなく、一人の教師として敬い、慕ってくれました。エヴンス先生が男の方であったこともあり、特に女の子たちは、男の先生には話せない秘密をうち明けに来ました。……両親が離婚した悲しみや苦しみ、将来への不安、離婚して独り身の母親がボーイフレンドとうまくいっていないこと、好きな男の子がデートを申し込んでくれない悩み……。また、男の子の親御さんからもさまざまな相談を受けました。特に、次郎と親しい友人の親御さんからの相談が多かったように思えます。

アメリカは世界の最たる富んだ国、最たる消費国であるからこそ、そこで暮らす人々はさまざまな苦悩を抱えていました。今、皆さまから寄せられたお便りを読みながら、彼らと真剣に話し合ったこと、彼らにあてて書いたことが、ここで

再び、皆さまの悩みや苦しみ、困難や、疑問として、わたしの前に差し出されています。

　そんな皆さまに、わたしの記録を読んでいただきたいと考えました。それは、皆さまが求めている直接の答えにはならないかもしれません。皆さまは満足なさらないかもしれません。それでも、わたしは同じ時代に生きる人間として、また、この困難な時代に子どもを育てている親として、問題を共有し、共に生きていることを感じたいと考えました。

　皆さまが寄せてくださったご質問の答えとして、お読みいただけましたら、そして、その中に皆さまの困難や苦悩を解く鍵《かぎ》を見つけてくださいましたら、こんな嬉しいことはありません。

Q　現在中学2年生の男の子です。親が言わなくてもよく勉強し、成績も良く、何事にも積極的で問題がないように見えます。ただ、ものすごい負けず嫌いで、勉強も、部活も（野球部に入っています）人に負けるのが嫌なので、それで頑張っているように見えます。野球でも試合に負けると、悔《くや》しがって大声で「ちくしょう!ちくしょう!」と怒鳴ったり、拳《こぶし》で壁《かべ》を叩いたりします。こんなことが続いて、世間で言う「キレル」たらどうしようと不安です。なにか良いアドヴァイスがあったらお願いします。

（千葉県　須藤良美さん）

A　これは、次郎の親友のジョシュア・レイトンに宛てて書いた手紙です。

「5月に入ってようやく13歳の誕生日を迎え、あなたもいよいよティーン・エイジャーの仲間入りをしましたね。クラスで一番背が高く、一番先に声変わりをしたあなたは、その大きな身体と心のバランスがとれず、とても困っていたようでした。今も長い足を机の下に納めきることができず、イスの高さも合わず、さぞ不自由なことでしょう。でも、一言もあなたの口から不平を聞いたことがありません。

　最近、急に背が伸びたディアナが、いつも足を机の横に出しているのを見かねて、とうとうわたしは昨日注意しました。すると彼女は、「机が低くて足が入らないんです」と言いました。それを聞いていたあなたはディアナにこう言いましたね。「僕は椅子を後に引いて、ほら、こんなふうに腰掛けているんだよ」と……。

　与えられた物に不平を覚えず、最大の工夫をしてそれを良い物に変えようとする力、今いる環境に感謝し、心地よくしようと努力する力は、あなたが神様からいただいた最大のプレゼンのような気がします。これからも、ディアナに示したように、他の人を助けるためにあなたのその力を使ってください。

　あなたのことで一つだけ気がかりなことがあります。それは、あなたが常に勝者であることを、あなた自身に課していることです。

先月、北カリフォルニア州の陸上競技会がありました。中学生の部で、あなたは１００ヤード走、４４０ヤードリレー、走り幅跳び、ソフトボール投げ、砲丸投げ、２００ヤード走、50ヤード走に出場しましたね。スポーツ万能のあなたは、次々と素晴らしい記録を作り、優勝しました。２００ヤード走と50ヤード走を除いて……。２００ヤード走と50ヤード走では、あなたはスタートする時に滑って転び、2位と3位でゴールインしたのでしたね。

ゴールした後のあなたの態度を見て、わたしは目を疑いました。そして、わたしの心は悲しみでいっぱいになりました。あなたはジャケットを雨上がりの濡れた地面に叩きつけ、地を蹴り、地団駄を踏み、ありとあらゆる悪口雑言を言い続けていました。天を呪い、地を呪い、凄（すさ）まじい怒りをまきちらしては、いっこうに収まる気配が見えませんでした。

わたしはいったい何が起きたのか、理解することができませんでした。そして、あなたの怒りが、出場した全種目の競技に優勝できなかった自分に向けられていると知った時に、わたしは自分の耳と目を疑いました。なぜってわたしにとっては、あなたの出した結果は上々だと思えたからです。まさかたった2種目の競技に優勝できなかったことで、あなたがあれほど荒れ狂っているとは……。わたしには信じられませんでした。

そこにいた他の人たちが、あなたのそんな姿を見ても、わたしほど驚いていなかったところを見ると、アメリカ人にとって、あなたのとった態度は当然のことだったのでしょうか？　アメリカ人にとっては、優勝すること、人より抜きんでていること、人を打ち負かすことは当たり前のことなのでしょうか？

戦いで勝利を得られないことは、あなたにとって絶対に許せないこと、我慢のならないことのようですね。でも考えて欲しいのです。いったい、勝者とはどんな人を指すのでしょう？　敗者とは？……どんな人のことをそう呼ぶのでしょうね。

わたしたちは世界史の授業のなかで、多くの戦いがこの地球上で繰り返し、繰り返し行われてきたことを学びました。十字軍の遠征では、長く長く続いた戦（いくさ）の後は結局勝者も敗者もなく、戦いに倦（う）んだ人々と、ただ疲弊しきった文化を残しただけだったということを学びました。つい先日学んだ30年戦争では、大勢の人が死んで急激に人口が減り、道徳は退廃し、文化が後退したということを学びましたね。

つまり、勝利を収めた者も、勝ったことで見えなくなるもの、失うものがあるということなのですね。わたしたちは勝ったことに酔いしれ、奢《おご》り、傲（たかぶ）り、謙虚な心を失うこともあるのです。そして負けた者の心を思うことができないこともあるでしょう。もしかすると、努力することも、精進することも忘れてしまうかもしれません。

勝利を得ることがすなわち善であり、正義であると信じているあなたに、今、分かって欲しいと願うのは無理かも知れません。でも、世界史で学んだことを、是非、心に留めておいてくだい。そして、いつかあなたが……人と人との戦いに勝つことが、必ずしも真の勝利ではない……ということに気付く日がくることを祈っています

Q

我が家は同居で、子どもたちにはこうしたいというわたしの思いとはまったく反対の考えをだす祖父、聞いて欲しくないことを子どもに問いつめたり、比較したり、順序をつけたり、差別的であったり……。わたしが意見してもどう変わることもなく、むしろそっぽを向き、怒こってしまう始末。そんな中、わたしはいらいらすることも多くなりがちです。この先、どういう暮らしをつくってゆけば良いのか、悩んでいます。

（滋賀県　福永あけ美さん）

A

これはデラ・モイヤーへ宛てて書いた手紙です。

「あなたのプリゼンテーションはなんて素晴しかったんでしょう！　デラ、あなたの言った一言一言、わたしの胸で今も鳴り響いています。……わたしたちは、すぐに人を「好きだ」「嫌いだ」と言い、そこで人を判断してしまいます。けれど、そこから人種差別の意識が生まれるということを、わたしたちは知らなければなりません。

「好き」という感覚はどこから生まれるのでしょう？　自分と話すことばが同じだから、自分と同じ町の出身だから、自分と同じ考え方をするから……ということだけではないでしょうか？

自分とは体型が違うから、自分とはまったく縁のない土地の出身だから、自分とは違うことを言うから、自分とは服の趣味が違うから……というだけでその人を「嫌い」と、わたしたちは言っていないでしょうか？

そんなわたしたちの思いが、ひいては自分とは肌の色が違うから「嫌い」ということになり、わたしたちの内で優越感が生まれ、人種差別が引き起こされるのではないでしょうか？

わたしたちは簡単に人を「好き」「嫌い」と言ってはいけないと思います。「好き」「嫌い」を、人を判断する基準にしてはいけないと思います。

今、わたしは上手に言い表すことができませんが、人と接する時にはもっともっと深いところで感じる心が必要なのではないでしょうか？……」

あなたが最も尊敬するという、キング牧師の生涯について語った後、あなたはあなたの発表をこう言って締めくくりました。

ありがとう、素晴らしいプレゼントをクラスのみんなにくださって、心からお礼を言います。

1年半前に、突然、両親が離婚してしまい、あなたは来る日も来る日も泣いてばかりいました。あなたは授業中にも突然声を出して泣き出すことがありました。そんなあなたをわたしは校庭に連れだして、話を聞いたことが何度あったこ

とでしょう。

　わたしたちは人間の弱さについて話をしましたね。お父さんの弱さ、お母さんの弱さ、あなた自身の弱さ、また、わたしの弱さについて……。両親を生きる手本として心から尊敬し、先生を権威として尊敬してきたあなたにとって、大人が持っている弱さを認めることはさぞかし辛かったことと思います。でも、人生のルネッサンス期の入り口に立ったあなたは、あなたの内で目覚めてきた自我の力でこの問題に立ち向かいました。そして、人間の弱さに遭遇《そうぐう》し、すべての人の内に弱さがあるということを認めた時、あなたはより強くなり、また、より優しくもなりました。

　そんなあなたをわたしは心から誇りに思います。「わたしは弱い人たちと一緒に生きていきたい」というあなた。あなたの優れた知性を、その人たちと共に生きるために磨いてください。わたしもできる限りの手助けをするつもりでいます。

Q 不登校の子を抱え、途方にくれている親です。中学1年に入ってからこの3年間、学校にまったく行かず、部屋に閉じこもったり、時々図書館に行ったりしています。あまり友達もなく、しかも一人っ子ですので、心が痛む毎日です。どのように子どもと接していったら良いのでしょうか?

（群馬県　匿名希望）

A **これはジェナ・ハンセンへ書いた手紙です。**

　エヴンス先生が「僕の小さな天使」と呼んでいたあなたも、もう13歳。とうとう地上に降りて背中の翼をはずし、地に足を着けて人間としての生活を始めたようですね。天上での暮らしを楽しんでいたあなたの目に、地上の世界はどう映っていますか?

　大人の醜《みにく》い争いを見て嘆《なげ》いていたことがありましたね。時には、友達に裏切られて泣いていたこともありましたね。また、時には努力したことが報われないと言って、悔《くや》し涙を流し、悲しんでいましたね。そうしてあなたは、一心に世界を見つめ、世界と向き合おうとしてきました。

　世界の歴史を学ぶことで、あなた自身のさまざまな体験の中に、大きな意味を見いだせるようになったのではありませんか? あなたに悲しみや、苦しみや、困難をもたらした体験さえも、肯定できるようになったのではありませんか? そうして、あなたは世の中の否定的な側面にも、勇敢に立ち向かっていける力をつけてきたのですね。

　この地上で行われている不正や悪や虚偽を知ったあなたに、今「美」と「真」と「善」はとりわけ輝いて見えることでしょう。

　あなたの描く絵に、刺繍《ししゅう》を施した花瓶敷きに、木彫りの箱に、密やかな「陰」が見られるようになりました。今まで明るさばかりが目に付いたあなたの作品の中に、「闇」の部分が顔を出し始めたのです。

　この地上は3次元の世界であり、物体には必ず複数の面があるということ、そして、立体物に光が当てられた時、そこには必ず「陰」ができるということを、わたしたちは「遠近画法」の授業の中で学びました。そして、同時に、そこに「表」「裏」という概念が生まれるいうことも学びました。そして「陰」と、「裏」がこの世を複雑にし、暗くもし、醜くもするということ、けれどまた、「陰」と「裏」が世界をことさら味わい深いものにしているということも、わたしたちは体験しました。

　今年はあなたが先生方と対立し、議論している姿をよく見かけましたが、それもこれも、あなたが自分の足で地に立ち、自分の目で物を見、自分の手で世界に触れることを始めたからなのでしょう。

「遠近画法」の授業の中で作った針金のコンパスを覚えていますか？　わたしたちは一人ひとり違う場所に立ち、そのコンパスを使って距離を測りながら、図書室や教室の図を描きました。わたしたちが描いた図の中で、2枚として同じものはありませんでした。そうして、わたしたちは、一人ひとりが立つ位置によって物が違って見えること、世界が違って見えることを発見し、その事実に深く思いを致したのでしたね。

　人と意見が対立した時は、どうぞ、あのコンパスを取り出して距離を測ってみてください。そうすれば、今よりもっともっと世界はあなたにやさしく微笑むことでしょう。

　わたしの「芸術表現」のクラスで学んだ墨絵を、あなたはとても気に入ったようでしたね。墨絵を描く時、わたしたちはクレヨンや色鉛筆で描く時のように、何度も何度も色を塗り直すことは許されませんでした。墨を含ませた筆を紙の上に置いたら、それが最初で最後！　一筆ひとふでが、どうにもやり直しがきかないものだと分かった時、「ミセス・オオムラ、あなたの国の文化が、少し分かったような気がします」と言ってくれました。あなたが垣間（かいま）見たもの、それは日本人と、日本の文化を支えている「日本の精神」なのです。

　あなたの前に、今世界に続く道が開けています。少しだけ開かれた扉をあなたの手で大きく開け、愛と勇気をもって踏み出してください。そして、その道を、対立する人とともに、共に歩いて行ってください。勿論、愛する人とも一緒に……。

　世界はあなたに、より多くのものをもたらしてくれることでしょう。

　須藤さん、福永さん、匿名希望さん、わたしが皆さんに伝えたいと思ったことを、お分かりいただけたでしょうか？

　須藤さん、どうぞ息子さんに話してあげてください。

　福永さん、本当に難しい問題ですね。わたしが幼い頃、わたしの母はあなたと同じ悩みを抱えて苦しんでいました。母が嫌がっていた祖父が、わたしも嫌いでした。でも今ようやく、祖父の生き方が理解できるようになったのですよ。わたしはデラのような素晴しい子どもたちと出会って、実に多くのことを学ばせてもらいました。

　匿名希望さん、お子さんと、たくさんたくさん話をしてください。たくさんのことを一緒にしてください。そしてジェナが乗り越えたハードルを、お子さんが乗り越えられるよう、手助けをしてあげてください。

　わたしがシュタイナー学校で出会った子どもたちが、皆さまの力になることを心から祈っています。

「ひびきの村」とは

シュタイナー教育で知られるドイツの思想家ルドルフ・シュタイナーに倣い、「共に生きる」試みを続けていたら・・生きるために必要な最小限のエネルギーを自然界からいただき、生活に必要な物はできる限り自分たちの手で作る。お年寄り、子ども、そして力の弱い者を大切にし、皆が支えあって生きる・・ということに行き着きました。「ひびきの村」はそんな生き方をしたいと願う人々の村です。牧草が生える小高い丘の上にある村は、噴煙をあげる勇壮な有珠山、初々しい山肌を見せる昭和新山、蝦夷富士と呼ばれる羊蹄山、美しくたおやかな駒ケ岳に囲まれ、目の前には穏やかな水面を見せて噴火湾が広がっています。

入道雲が顔を出す丘

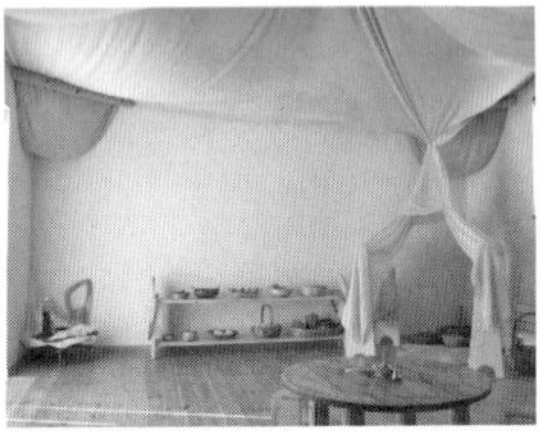
美しく整えられたナーサリー

カレッジの教室

ミカエル・カレッジ

おとなが学ぶ学校です。美しい自然の中で共に学び、共に生きる人々と深く関わりながら、ルドルフ・シュタイナーが示す人間観と世界観を学び、それを日々の生活の中で実践する力を養います。そして、生きることの意味と自らの使命が明らかになることを目指します。

- **自然と芸術と人智学を学ぶコース**
- **シュタイナー学校教師養成コース**
- **シュタイナー治癒教育者養成コース**
- **シュタイナー農業者養成コース**
- **シュタイナーの絵画を学ぶコース**

ピアノの向こうに広がる草原

「ひびきの村」からのお知らせ

ラファエル・スクール

―教育が治癒として働き、子どもがありのままの自分でいられる学校―

ルドルフ・シュタイナーの人間観をもとに、子どもの様々な個性に応えるシュタイナー治癒教育を実践する学校です。障害の有無に関わりなく、どの子にも治癒教育は必要と考え、統合教育を目指しています。そして、子どもたち一人ひとりに備えられた力が十全に育っていけるように、「ひびきの村」の恵まれた自然の中での野外活動と芸術活動を大切にしながら、専門家と協働しています。子どもたちは「ひびきの村」で暮らすすべての大人に見守られ、愛されながら、「生きることってすばらしい！」「人と共に暮らすことっていいな」「学ぶことって楽しい」と心から感じられる毎日を過ごしています。― **子どもたちができないことを数え上げて、「・・だから、わたしには教育できない」と考えるのではなく、「・・だから、わたしはこの子と共に生きよう」と決める** ― というルドルフ・シュタイナーのことばを、わたしたちの教育活動の礎としています。

フォレストベイ・ナーサリースクール

3歳から6歳のこどもたちのための、シュタイナー幼児教育を実践する保育園です。美しい自然と動物、信頼し愛するおとなに守られて、子どもたちはのびのびと成長しています。

サマープログラム

夏！丘の上をそよぐ風に吹かれ、太陽のぬくもりに温められ、慈雨にあたり、ほんとうに心にあることだけを話し、聴き、行う。1年に一度、心と体を洗濯しにいらしてください。

プログラム内容

「ひびきの村を体験する」「シュタイナー学校の授業を体験する」「子どもの成長と発達とカリキュラム」「シュタイナー幼児教育」「シュタイナー幼稚園と学校の運営」「オイリュトミー楽しむ」「言語造詣を堪能する」「音を創り、聴き、楽しむ」「シュタイナー家庭の医学」「ホメオパシーとシュタイナーによる治療」「治癒教育者養成講座」 他。関心、興味に応じてお選びください。中高生のためにはキャンプを、また幼児、小学生のためのプログラムもあります。ご家族そろってお出でください！

こだまする子どもたちの声

村の中を行き交う人・人・人

「ひびきの村」からのお知らせ

ゆっくり・のんびり滞在

風にゆれるひな菊

あなたは・・たまにはひとりになりたい。自然の中で何もせずゆったりと過ごしたい。温泉につかって一日中ぼーっとしていたい。ゆっくり考えたい。心ゆくまで潮風に吹かれたい。明るいおひさまの光の中でお茶を飲みたい。木陰で鳥の声を聞きながらお昼寝をしたい・・のですね。いつでも「ひびきの村」にいらしてください。ビジターハウスもあります。自然素材を調理したお食事も用意しています。おいしいお茶とお菓子もあります。

ビジタープログラム

短期間の講座受講、学校見学、ボランティアワークなど、いつでも、どのような形でもお出でいただけます。ご希望に沿ってスケジュールをお作りいたします。ご相談ください。

ウィンディーヒルズ・ファーム

のんびり草を食む馬

シュタイナー農法（バイオダイナミック農法）を実践しながら、野菜、麦、ハーブ、加工品、放し飼いの鶏の卵を販売しています。太陽、月、星々の運行が生み出す壮大な宇宙のリズムに従って成長した作物は、生命の力に満ちて生き生きとしています。

えみりーの庭

「ひびきの村」で作られたお茶、入浴剤、ジャム、パン、クッキー、草木染の数々、またシュタイナー教育の教材、世界中から集められた手作りクラフトなど美しい品々、書籍、レメディーなどを販売しています。通信販売もしています。

【お問合せ】　ご質問などございましたら、ご遠慮なくお問合せ下さい。
「ひびきの村」事務局　〒052-0001　北海道伊達市志門気町6-13
電話 0142-25-6735　Fax 0142-25-6715　E-mail : info@hibikinomura.org
Home Page : http://www.hibikinomura.org　（２００８年８月現在の情報です。）

●12／15号とてもよかったです

いつも深い内容に驚き、大切に学ばせていただいています。地球期を生きる私たちの課題は「愛を実現すること」だというシュタイナーの言葉を大村さんは伝えてくださいました。精神的に進化をとげることは、それ自体、喜びであり楽しいことです。（もちろん苦しいこともありますが）特に子どもとむきあい、彼らの進化していく姿に立ちあうことは本当に嬉しいです。

しかし時々「愛を実現すること」という目的が、「隣人を愛せよ」という言葉のように大事だとわかっていても、あまりにも漠然としたものに感じられ、途方にくれてしまいます。

その点、今月号（12／15）の「違いをのりこえる」は「愛を実現すること」の具体的な一例とも理解でき、とてもよかったです。たぶん日常生活のあちこちに意識していわば「愛を実現する」ための課題があるのだろうと思います。

でもそうした一日一日の積み重ねによって進化をめざすのと同時に、自分のためだけの個有の生きる目的を知りたい、自分が主役の物語とでもいうべきもの、それを知りたいとも思うのです。そのためには自分が生まれた時から生きてきた道筋、今の置かれている環境、（あるいは前世来世）を視野に入れ、つぶさに自分を洞察することが必要だと思うのですが難しいです。

キリストやシュタイナーのような人がいれば「今、私はこうなんだけど」と相談して、具体的なアドバイスをもらえたかもしれません。彼らは個と全体とを結びつけて、例え話を使ったりして真理を語るのが上手だったのでしょうね。大村さんが「自分が主役でいいんだ」と気付かれたのは、海で老人の姿を見た時なのでしょうか。自分個有の目的を知る、ということについて、大村さんはどう思われますか？　またシュタイナーはどう言っていますか？

これからのお話に期待しています!!

（東京・堀心美《しんみ》さん）

★含蓄あるお話をありがとうございます。編集者にとって、こういうお手紙やFAXは本当に「この仕事をやってよかった」と思う瞬間です。まして大村さんは……、と思います。ご質問にはいずれどこかの号できっと回答されるはずです。読者の皆様もどしどし、ご感想などをお便り下さい。教育論や子ども論他、何でも大歓迎です。

（編集担当・柴田）

●講座に出会えて幸せです

心の時代とはいっても、心の勉強で何を支持するかは個々の問題。活字の物を読もうともしない夫にシュタイナーの良さを口で説明するのは難しいと実感する日々です。同じテーマで自分たちの子どもの教育にあてはめられたら理想的ですが、夫婦間でさえ、思想についての共有の支持は大変なこと、日々私自身、現に子育てをしている今、この講座に出会えて幸せです。

（千葉・C・Kさん）

★夫婦間でのシュタイナー教育に対する不調和や共感について、読者の皆様のお便りをもっともっとお聞かせください。

（編集部）

●失敗を少しずつへらせてます

いつもとても楽しみにしています。この講座を学んでいるおかげで、ひどい失敗を少しずつへらせているような気がします。エクスサイズはなかなかできないのですが、たまにはやりたいと思っています。お仕事大変でしょうが、体に気をつけて下さい。

（静岡県・影山さおり）

●前号、少しわかりにくい所が…

読んでいると、大村さんの言葉は、心の奥の奥まで響いてきます。シュタイナーの思想、教育を理解、実践、認識する上で、大変重要なものとなっております。これからも、皆様頑張って下さい。楽しみにしています。

質問なのですが、２０００年12月号Ｐ24で、「本質だけが、本質を認識することができる」と書かれているくだりが、少しわかりにくいので、もう少し具体的に書いて頂ければ幸いです。

（東京都・匿名希望）

★ご質問の件、さっそく大村さんにお届します。ストレートなご指摘ありがとうございます。これからも色々お便り下さい。（編集部）

●シュタイナーの具体的な言葉を…

シュタイナー思想、教育がもっと身近なものになればと思います。それが特別な所へ行ってしか出来ないとかではなく、どこでも誰にでも出来る、その為に、もっと肩の力を抜いて、相手に伝えられる位の考え方を身に付け、そして社会へと広げていけたらと思います。（社会とは、身近かな人からということです）

それと内容についての質問として、シュタイナーの色彩論を知りたいことと、文中で、シュタイナーの具体的な言葉を知りたいと感じています。（京都府・古野考子さん）

★ご要望は、第3期の企画で検討しますのでお待ち下さい。シュタイナー教育の身近なあり方として、私たちも「家庭でできるシュタイナー教育」の様ざまな出版物を書いていただけるよう大村さんにお願いしています。こちらもお楽しみに。

（編集部）

●第1期から始めればよかった！

2期から始め、最近1期の6冊を購入し読んでいます。すばらしい内容で、あと一年前から始めていればよかった、色んなことで悩まなくてもすんだかも、と思いました。これからも期待しています。

（兵庫県・林小保子さん）

●子どもの心をしっかり育てよう

子供達が人間として生きていく、力や心をつけるためには、ぜひ教育の現場にとり入れられていくべきです。子供が荒れるのは、けして、高度な勉強ばかりが理由ではありません。子どもの心がしっかり育っていれば、難しいといわれる勉強に取り組むこともできるし、その行為自体の意味も、今とは違ってくると思います。

（千葉県・合田由紀子さん）

★おっしゃるとおりですね。今後は一度ぜひ、教育現場にいらっしゃる先生方を対象とした講演会も開いてみたいと思っています。皆様のお子さんの学校の先生方にも、大村さんの通信講座をぜひお広め下さい。

（編集部）

●もう少しアドバイスが欲しい

この思想、教育が広まるためには、いずれ社会運動と必ず関わる時がくると思います。そのため（その時のため）に、あまり急進的に物事を進めたりせず（理解出来ない人達も多いと思うので）誰れでも安心して実践できる、具体例から啓もう的に行って欲しいと願います。

（東京都・松原明子さん）

★シュタイナーの思想と教育は、それ自身社会運動だと私たちは考えています。少なくとも世界中ですでにそれらが実践されています。また、大村さん「ひびきの村」を、ほんの木では、社会運動ととらえています。であるからこそ、私たちはこの通信講座を出版しています。但し、ご提案の通り、じっくり取り組みますのでご安心下さい。

（編集部）

●シュタイナーはお金持ちの人のもの？

シュタイナーの話をしても「名前はきいたことがある」という程度の人が多いです。多少知ってはいても「あれは理想よね」とか「シュタイナーのおもちゃは高くて買えないし、あれはお金持ちの人のものでしょ」という人ばかりです。もっと沢山の人に興味をもってもらい、学校の先生なども交じえた勉強会があちこちで開かれたら、教育も変わるのではないでしょうか。

（埼玉県・古賀朱美さん）

★そのとおりですね。高価な輸入品のおもちゃの問題、そして、学校の先生方についても。

でも決してシュタイナー思想、教育は、お金持ちの人たちの所有物ではありません。ひびきの村のスタッフは、経済的に本当に厳しい中で、一生懸命に学び、そして実践し、志を広げていますよ。（編集部）

●人の前に、まず自己の愛を…

ブックレットを読んでいて、感動すること「大」ですが、あまりにも美しすぎると思うこともあります。また、大村さんが「人の為に」とよく言われるのが、今の私には、まだ、よく理解できません。人の前にまず、自己を愛するのが、今の私の課題なので。（長野県・田中のりえさん）

★ぜひ、3期で勉強し合いましょう。「大人のためのシュタイナー教育」は、きっとご満足いただけますよ。（編集部）

●大げさなシュタイナー教育でなく…

シュタイナーの思想は、精神世界や宗教…いろいろたどっていた人が最後にたどりつく所だよ、という事を聞いたことがあります。そういった心の探求をしている方はいずれたどりつくと思います。又、これがシュタイナー教育よ！、と言った大げさな事をしないで、だれでも無理なく安心して出来るようなプログラムがあったら良いと思います。もっと身近に心のささえになるように。（千葉県・栗原利恵さん）

★本当にそのとおりです。無理なく、安心してできるプログラムを、私たちも考えます。生活に密着した、実践的なテーマを……。シュタイナーを中心に、世の中全体を広く照らし、また、エコロジーや地球環境にも目を向けた方向も考えています。（編集部）

●アナログ感を大切にして下さい

あのー、まったくよけいなお世話、という感じですけど。私も大村さんに心から感謝しているひとりですが、あまりにも「大村さん、ありがとうございます!!」というようなコメントが紙面に多く登場すると、大村さん＝教祖さまーっという感じにならないかと心配です。

また、インターネットを使った情報について、私は、パソコンをもってないので、こうなると悲しい。インターネットではシュタイナー関連の情報もけっこうあるようですが、私はこの通信講座がほとんど唯一の情報源となっている感じなので、できれば、このアナログ感を大切にしてもらえれば…勝手かな？（京都府・小松由枝さん）

★ありがとうございます。気をつけます。大村さんは、全く「教祖」なんかではありません。ご心配なく。逆に、最も「そういうあり方」を否定する方です。でも、誌面の表現へのご指摘に感謝します。

インターネットについては、読者の皆様、どうお考えですか？ 何でも結構です。「IT」社会、インターネットによる情報の収集、それをシュタイナー的な世界でどうとらえるか、皆様のお考えもお聞かせ下さい。

P.S.先日、大村さんとお話した所、シュタイナー関係のインターネット情報で、大村さん自身の講演会や通信講座の読後感などが掲載されており、「皆さん、それぞれが違った理解をされているんですねェ。勿論、それは当然のことなのですが、インターネットで読まれた大勢の方が、そのまま受け取られると困りますね」とのことでした。

「大村さんは講演会でこういっていた。通信講座でこう書いていた」……といいつつも、それは聞いた人の意見、読んだ人自身の解釈なわけです。ご本人の考えとちがう内容が、知らず知らずに広まってしまうこわさがインターネットにはつきものです。

大村さん本人が自ら著す「通信講座」や自ら語る「講演会」の現場以外には、今の所、確実にメッセージをお伝えできません。くれぐれも、インターネットで交流されていらっしゃる方々もご注意いただければ幸いです。正確な情報をお届けするホームページやメール情報を、私共も立ちあげ、実施すべきか否か、悩んでいます。（編集部）

お便りは FAX 03-3295-1080、あるいは 〒101-0054 千代田区神田錦町3-21 三錦ビル2F「ほんの木」まで

●改善点とご要望の声…

今月号は、皆様からの辛口のコメントをご紹介し、私共編集スタッフの栄養にさせていただきます。お寄せ下さった方々、ありがとうございます。心からの感謝を込めて――。

①もう少し項目ごとにレイアウトに特徴を出して、読みやすくして欲しいです。

②もうちょっと深く知りたい。2か月に一度だと忘れた頃なので、長い間の楽しみにはなるけれど、つい他の本を読んでいることになり、いつも後回しになる。もう少し短いサイクルで届くと、私個人としてはうれしい。

③内容がわかり易い反面、ちょっとくどいかなと思うことがあります。でもとっても大切だからそうなってしまうこともわかっています。これは私の許容量のなさか……。かなしい……。

④一回の内容が盛りだくさんすぎる気がします。子どものこと、大人についてのことが一緒だと混乱してしまうのですが、（私だけでしょうか？）

⑤一つのテーマを短くしてたくさんのことを学びたい。人智学や一般人間学やゲーテの色彩論など。

⑥もう少し大村さんと読者の接点がある方がよいと思います。

⑦「通信講座」という言葉は正しくないのではないでしょうか。通常日本では、書店でも売っているブックレットの定期購読をこの言葉では呼ばないと思います。名称に違和感があります。でも、これだけの内容をひとりで書く大村さんはすごい人だと思います。心の教室の情報にも感謝。

◆　◆　◆

いかがでしょうか。もっともっと、皆様の中にご不満や、こうやって欲しい、スクーリングやワークショップ、講演会を近くで開いて欲しいなどのご要望があることと思われます。本当にこうしたご意見こそが、私たち出版側の貴重な情報源であり、糧となります。大村さんともじっくり検討を重ね、第3期への手がかりにしたいと考えています。

①のレイアウトの件、少々専門的なのでビックリしました。私としては、よりシュタイナーのイメージが浮き出るよう工夫してゆきたいと思っていた所です。3号で挑戦します。

②大村さんの仕事量からみても、現状では精一杯なのです。おゆるし下さい。

③大村さんご自身がいつも気にしていることなのです。よりわかり易く、ていねいに、初心者の方にも……と工夫されて書いていらっしゃいます。その結果なのかもしれません。また、できるだけ多くの方々が、同じレベルで同じ認識を得ていただけるように、との大村さんの思いも私には感じられるのですが。

④大人が変わらなければ、子どもたちも変わらない、という大村さんご自身の考え方から、どうしても大人と子どもの両面にテーマが広がります。どうか皆様の中でひとつに結びつけてご理解下さい。また、第3期からは大人をテーマに絞ったシュタイナー教育をスタートさせる予定です。より身近な接点でお楽しみいただけるよう努力します。

⑤と⑥大村さんと改めて相談します。

⑦これはかなり重たい問題です。皆様いかがでしょうか。たくさんの方々がおかしいと思うようでしたら検討すべきかと思います。（株）日本通信教育連盟に問い合わせた所、いとも簡単に、「通信教育と通信講座は同じです」と回答されました。辞書では別の意味ですが、この2つの言葉は便利使いをされてるのでしょうか。業者の都合のいいように。

私共では「教育」は、資格や受験、課程の終了などの実務的意味と実践を伴うものと考え、啓もうや教養や文化的な体系的出版物は「講座」で問題ないと考えてあえてこの用語にこだわりました。が、読者の皆様はどうお感じでしょうか。ぜひお考え、ご意見をお聞かせ下さい。

お便りをお待ちします　あて先〒101-0054東京都千代田区神田錦町3-21　三錦ビル2F「ほんの木」「通信講座係」または、大村祐子さん係まで　FAX　03-3295-1080

●通信講座の広め方について

これも色々アイディアをいただきましたので、アトランダムに列記してみます。

●大新聞に広告する。（複数の方から）

●生協のカタログで扱ってもらう。（複数）

●クチコミが一番確実。今のやり方でよい。

●対象年齢を広げて、おじいちゃんおばあちゃんにも、介護、子育ての先輩から孫のつき合いなどのテーマを入れては？

●やっぱりインターネットでしょう。たくさん興味を持っている人がいるはずです。（複数の方から）

●全国の協同購入組織を通したらいかがでしょうか。（複数の方から）

●幼稚園、保育園へのチラシ配布。産婦人科病院へのポスター掲示。（幼稚園や教師の研修会の教材として使って欲しいですね）

●シュタイナーに興味のある方や教育を熱心に行っている方々にお貸しするとひろがると思いますよ。

●図書館、本屋にポスターを貼る。

●私は「大地を守る会」で知りました。自然食品関係のグループに関心を持つ方々が多いと思われます。

●リーフレットの「結婚のお祝いに」のキャッチフレーズはなかなかうまい。

（その他多くのお知恵をいただきました）

いかがでしょう？　もっと「こんなやり方がある！」「これはいいですよ」というアイディアがありましたら、ぜひお寄せ下さい。御礼もさしあげず、あつかましいお願いですがぜひよろしくご協力下さい。

　さて、「インターネット」での情報のやりとりはいかがでしょうか？　シュタイナーに特化した「インフォキッズ」などが人気のようですが。ほんの木でホームページや、情報交換の広場などを開くべきでしょうか？　こんなアイディアがある、という方、ぜひお教え下さい。

　また、地元の図書館へのオーダーをしていただける方、ぜひよろしくお願いいたします。多くの方々に、目にふれる機会になるものと考えられます。学校の先生、幼稚園、保育園の保母さんにもお広め下さい。

　また、生協や協（共）同購入組織、宅配グループにご入会の方は、会の方にこの通信講座の取り扱いを申請していただければ幸いです。生協等は、私共の直接的アプローチはほとんど絶望的です。つまり門戸が固いのです。一方組合員や会員の声はやはり一番強いのです。「らでぃっしゅぼーや」や「大地を守る会」は、ほんの木との古くからの市民運動の中に育まれた共感と信頼からスタートしているのです。少し特別な形というのでしょうか。以上よろしくお願い申しあげます。

●大村さんの講演会があります

くわしくは本号の124頁をごらん下さい。2月25日（日）神奈川県民ホール。これは、大村さんのご好意により、10月22日に定員をオーバーしたお申込みの方々に対する追加講演会です。若干の余裕がありますので、早めにお申込み下さい。3月24日からは、春休みを使い、関東・関西でも行われます。どうぞお楽しみに。

●通信講座第3期のお知らせ

122〜123頁に発表を致しました。「大人のためのシュタイナー教育」をメインテーマにした、実践的で感動的なブックレット・シリーズが始まります。ご友人をおさそい合わせの上、ぜひご入会下さい。また、この講座をテーマに勉強会をお開きになってはいかがでしょうか？　お楽しみに。次号（4／15）では、さらに詳しい内容のご案内を掲載します。

●さて21世紀が始まりました！

混迷する日本、教育の崩壊。シュタイナーの力がますます必要とされる時代です。皆様お一人おひとりが、そのリーダーです。大村さんと一緒に、その混迷に光を当てて行きましょう。気付いた者たちの責任として。

（編集・柴田敬三）

大村祐子さんのプロフィール

1945年北京生まれ。東京で育つ。1987年、カリフォルニア州サクラメントのルドルフ・シュタイナー・カレッジ教員養成、ゲーテの科学・芸術コースで学ぶ。'90～'92年までサクラメントのシュタイナー学校で教え、'91年から日本人のための「自然と芸術」コースをカレッジで開始。1996年より教え子らと共に、北海道伊達市でルドルフ・シュタイナーの思想を実践する共同体「ひびきの村」をスタートさせる。「ひびきの村」代表。著書に「わたしの話を聞いてくれますか」、「創作おはなし絵本」①②、「シュタイナーに学ぶ通信講座」第1期・第2期・第3期、「ひびきの村シュタイナー教育の模擬授業」「昨日に聞けば明日が見える」「子どもが変わる魔法のおはなし」などがある。(共に小社刊)

シュタイナー教育に学ぶ通信講座
第2期　NO.5（通巻No.11）
シュタイナーが示す
「新しい生き方を求めて」
2001年2月15日　第1刷発行
2009年1月19日　第2刷発行

著者　大村祐子
企画・編集　(株)パンクリエイティブ
プロデュース　柴田敬三
発行人　高橋利直
発行所　株式会社ほんの木

〒101-0054東京都千代田区神田錦町3-21　三錦ビル
TEL03-3291-3011
FAX03-3291-3030
編集室FAX03-3295-1080
URL http://www.honnoki.co.jp
E-mail info@honnoki.co.jp
振替00120-4-251523
印刷所　株式会社ケムシー
ISBN978-4-938568-79-5

好評
発売中

ルドルフ・シュタイナーの「七年周期説」をひもとく

昨日に聞けば明日が見える

ひびきの村ミカエルカレッジ代表 大村祐子著・単行本

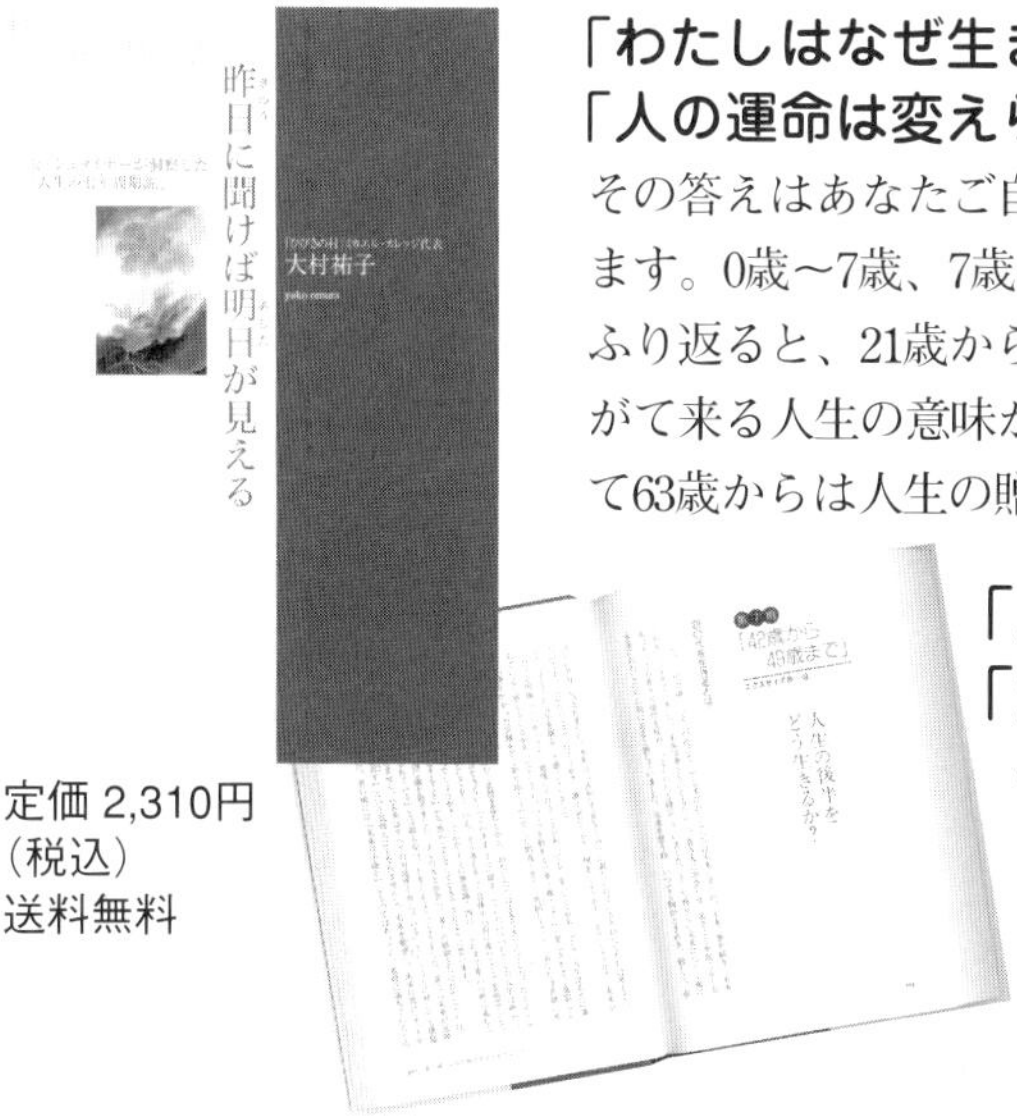

「わたしはなぜ生まれてきたの？」
「人の運命は変えられないの？」

その答えはあなたご自身の歩いてきた道にあります。0歳〜7歳、7歳〜14歳、14歳〜21歳までをふり返ると、21歳から63歳に到る7年ごとの、やがて来る人生の意味が明らかにされます。そして63歳からは人生の贈り物”……。

「人の使命とは？」
「生きることとは何か？」

その答えがきっと
見つかります。

定価 2,310円
（税込）
送料無料

●シュタイナーの説く「人生の７年周期」によると、人生は７年ごとに大きく局面を変え、私たちはそのときどきによって異なる課題を果たしながら、生きています。過ぎた日々を振り返り、現在を見据えると、必要な人に出会い、必要な所に出向き、必要な体験をしていたということが分かり、未来が見えてくるでしょう。

●大村祐子さんプロフィール●

1987年、カリフォルニア州サクラメントのルドルフ・シュタイナー・カレッジ教員養成、ゲーテの自然科学・芸術コースで学ぶ。1990年から1992年までサクラメントのシュタイナー学校で教える。1996年より教え子らと共に、北海道伊達市でルドルフ・シュタイナーの思想を実践する共同体「ひびきの村」を開始。現在、ひびきの村ミカエルカレッジ代表。

ご注文は「ほんの木」までお申込みください。定価1,260円（税込）以上の書籍は送料無料です。ほんの木 電話03-3291-3011 ファックス03-3291-3030